「超」怖い話 辛《かのと》

松村進吉／編著
深澤夜／共著

竹書房
怪談
文庫

※本書に登場する人物名は、様々な事情を考慮して全て仮名にしてあります。また、作中に登場する体験者の記憶と体験当時の世相を鑑み、極力当時の様相を再現するよう心がけています。現代においては若干耳慣れない言葉・表記が登場する場合がありますが、これらは差別・侮蔑を意図する考えに基づくものではありません。

ドローイング　担木目鱈

まえがき

光を当てる位置によって、四角い影も円の影も、どちらでも落としうる物体がある。

例えば缶詰などがそうだ。

横から照らせば四方に角が立つのに、真上から照らせば美しい真円を描く。

一見すると不思議なようだが、別にそんなことはない。

世界には奥行きというものがあるからだ。


とかく人から聞いた話というのも、概ねこれに似たようなものだと思う。

我々は既に起こってしまった事象を、後になって観察することはできない。

誰かがこう言っているから、きっとこういう姿の出来事だったのだろう、と推察するのが精一杯。真の姿は見えず、投影された輪郭だけが我々の前に映し出される。

よって、あの人はこうだと言い、この人はこうだと言い出したりすると、もういけない。

我々は混乱する。

どちらも嘘はついていないからである。

それらは決して、相反するものではない。
ただ照らし出す角度が違うだけ。
あくまでも、同じ現象についての話なのだ。

ならば——それにかりそめの奥行きを与えることで、尤《もっと》もらしい立体の姿を描出せしめ、人々にこの世の複雑な形状をご想像頂くというのも、怪談屋に与えられた仕事のひとつと言えるだろう。

たとえどんなに不条理な輪郭の影であったとしても、それを「目撃した」と語る者がいる以上、そこには「何か」が存在していた筈だ。

この国に怪異の体験談は絶えない。

人は今日も、どこかで何かと遭遇している。

あなたの前にも後ろにも隣にも、あるいはあなた自身の中にまでも、不可解のオブジェは浮遊している。本書こそが、その証左である。

——今年もまた、夏がやって来た。

遠出などが憚《はばか》られたりもする昨今、どうぞお部屋で、この奇妙な本をお愉《たの》しみ頂きたい。

以下に並べられた実存不可能な立体の数々は、全て実際の体験談に基づいている。
これらの目眩《めまい》があなたにとって一時の憂さ晴らしとなれたなら、編著者として、それにまさる喜びはない。

編著者

目次

まえがき 3
不思議な弟 8
娘の友達 12
ご挨拶 20
奥の間 28
魂追い 38
針金 42
つまみ子 55
虫干し 60
しつけ 67
山電話 75
ユーチューバー 84

赤いバスタブ 96
夜釣り 101
仏壇を棄てる 110
幽霊コーチ 123
フォール・ガイ 129
泊まれない 140
見えない 147
入道 156
サイコロステーキ 162
営業、最後の日 172
横綱 182
ハーモニー 191
ミハルはもういない 208

あとがき 217
著者別執筆作品一覧 223

不思議な弟

北村さんの弟さんには、どこか人並み外れて勘の鋭いところがある。

彼女は三十になったばかり、弟さんは二十代の後半。

「普段はまぁ、ちょっと気難しい感じがするくらいで、特に変なことを言ったりもしないんですけど」

何かの拍子に突然「姉ちゃん、明日は遊びに行かないほうが良いよ」などと言い捨ててから自室に帰ったりする。

そんなこと言ったたって、前から約束してたんだし——と、友人の運転する車で遠出をしてみれば、そこで事故に遭う。

大きな怪我こそしなかったが、それが切っ掛けで友人とは疎遠になってしまった。

「姉ちゃん、親戚って言っても余所《よそ》の家だし、結局は他人だよな」

またそんな風に出し抜けに言われて、困惑していると、数日後に従妹がお金を貸してくれないかと頼んでくる。

親と反りが合わず、家を出たいのだが先立つものがない。十万円でも、五万円でもいいから——と手を合わせられたのだが、弟さんの言葉もあり、なんとなく嫌な予感がした。

「私も貯金とか、全然無いのよ」と断ると、後日、その従妹がホストクラブで大きな借金を作っていたことがわかった。

その他、小さなことまで含めればきりがない。

ひょっとして弟には、「予知能力」のようなものでもあるのだろうか——。

「……どう思います？　ちょっと、偶然って言うには度が過ぎてる気がしてしまって」


今年、北村さんの家は大規模なリフォーム工事を行った。

水回りの取り換えだけでなく、傷んだ外壁の張り替えも頼んだので、全部で二か月ほどかかったという。

その、最中。作業員の人達に休憩時間に飲んでもらえるよう、彼女は毎日缶コーヒーなどの差し入れを行っていたのだが——。

台所でお盆に飲み物を載せていると、弟さんが自室からフラリと現れた。

彼もこのところリモートワークになっていて、ずっと家にいる。

「……何、どうしたの？」

「いや、別に」

弟さんはスタスタと、彼女より先に外に出て行く。

そして家の周囲に建てられた足場の上で、外壁作業をしている作業員を見上げてから、自分の足元を見た。

北村さんがお盆を持って現れると、弟さんはふいに足元に置かれていたブロックを持ち上げ、どこかに去った。

「……？」

怪訝に思いつつ、彼女は作業員らに声をかける。

足場付近にお盆を置いてから、家に戻る。

——ドスンッ、と鈍い音がしたのはそれから数分後のことである。

再び外に出てみると、ついさっき弟さんが立っていた場所に人が寝ている。

作業員が、足場から落ちたのだ。

「——幸い軽い打撲で済んだみたいなんですけど。よく見たら丁度、弟がブロックをどけた場所に、その人の頭があったんです」

そんな偶然があるだろうか。

あらかじめ、落下するのを知っていたとしか思えない。

北村さんはいよいよ辛抱できなくなって、「あなたひょっとして、変な力でもあるの？」と弟さんに訊ねた。

「でも案の定、さあ、何のことだかってとぼけるんです……。どう思いますか？　やっぱりそういう力って、本当にあるんでしょうか？」

娘の友達

小林氏の娘さんについての話である。

「今、小学二年生なんだけど……。ちょっと困ってるんだよね」

基本的には快活な、社交的な女の子に育ってくれているのだが――。

どうやら、奥さんの体質が遺伝しているようだという。

「……うちの妻、昔から色々と〈見える〉らしくて。最近は娘まで似たようなことを言い出したもんだから」

そういった素質がない自分には、ただ困惑するばかりなのだ、と小林氏は嘆息する。


例えば最近も、こんなことがあった。

ある週の日曜日、小林氏らは親子三人でショッピングモールへ買い物に出かけた。

時節柄あまりだらだらと店内で過ごすのも気が引けるので、必要なものだけを手早く買い揃えていたのだが――突然「ヒュイッ」と娘さんが妙な声を出した。

驚いて見下ろすと、通路の真ん中で両足を揃えて立ち止まり、どこかを凝視している。

「……見ないでッ」

奥さんが鋭い小声で言い、がばっ、と娘さんを抱え上げる。

そしてその場でUターンして、駐車場の方へ駆けて行ってしまった。

訳が分からない。

が、小林氏もその後を追わない訳にはいかない。

両手に提げた荷物を揺らしながら、必死に追いついて話を聞けば、奥さん曰く「人殺しがいた」のだと言う。

幸いこちらには気づかれていないから、早く帰ろう、と。

「……な、なんだそれ。どうしてわかるんだよ、そんなの」

「わかるのよ、私も、この子も……」

娘さんは真っ青な顔で押し黙ったまま、母親にしがみついている。

一体、何が見えたというのか――。

参ったなぁと頭を掻くしかない小林氏だったが、帰宅後、奥さんから言葉少なに説明してもらえた。

「……齧られてたの。男が。後ろから——多分、殺された女の人に」

その女は口の大きさが買い物袋くらいに広がっていたという。

娘さんはそれをまともに見てしまい、動けなくなったらしい。

小林氏は返事ができなかった。

それは一体どんな光景なのか。ほとんど化け物ではないか。

こうして説明を受けても、俄《にわか》には想像できない。

いずれにせよ凄まじいものであるということだけは、ずっと手を握り合って震えている二人の様子から、辛うじて推し量るしかなかった。


奥さんは普段、そういった方向のアンテナを弱めて暮らしているという。なので今記したような、よほど異常なものにでも出くわさない限り、日常生活に支障はない。

「カメラのピントを、あえてボカしてる感じらしい。何かが写ってるんだけど、何かはわからない、っていう状態だそうで——」

被写体深度を浅くする、という感じだろうか。

そうすることで、余計なストレスをかなり軽減できる。

が、娘さんのほうはそうもいかなかった。

まだ「見る」と「見ない」の調整が、うまくできないからだ。

「妻自身、そんな風できるようになったのは中学生だか高校生だかの頃らしいから、娘にはまだまだ難しいみたいなんだよね。……いや、調整どころかそもそも自分の話してる相手が、生きてるのか死んでるのかも、よくわかってない時がある」


昨年の秋頃。

娘さんが何かを隠している様子だと、小林氏は気づいた。

子供の顔色というのは面白いほどわかりやすい。

なにか無理をしている時は、すぐに表情に出る。頬が強張り、笑顔が減る。

それがどの程度深刻な問題であるのかは、実際に訊ねてみなければわからない。

なので小林氏は、夕食後に直接娘さんに訊いた。

「……サツキ、学校で困ったりしてることはないか？　誰かと喧嘩したとか？」

「ううん。ないよ」

「そうか。……じゃあ、何か欲しいものがあるのか？」

「ううん。別に」

ふーむ、と頭を掻くしかない。

あまりしつこく質問しても、頑《かたく》なになるだけだろう。

ちらりと奥さんの様子を窺ってみたが、黙ってダイニングテーブルで家計簿をつけており、口を挟んでこない。

だったらまぁ、良いか、と納得する。

——しかし、それから数日経っても、一週間経っても、娘さんの顔色は優れないまま。

これはやっぱり深刻なのではないかと思い、何か知らないか、と今度は奥さんに訊ねてみると——。

「大丈夫だから。私もそうだった」

「……そうだったって、何が？　説明してくれなきゃわからないよ」

「いいのよ、そっとしておいてあげて。遅かれ早かれ経験することなの」

「……いや、全然ピンと来ないってば。何の話？」

スゥッ、と奥さんの目元が冷めていくのを見て、小林氏は口をつぐむ。

拒絶の徴《しるし》。

奥さんは時折、何かの拍子で心に「壁」を作ってしまい、以降どんなに言葉をかけても返事をしなくなる。それは「見える、見えない」の話をしている時に、特に顕著だ。

つまりはそういうことなのだろう。

「……サツキが心配なんだ、俺も。そんな風に冷たく言わないでくれよ……」

「…………」

これ以上の議論は喧嘩になると思い、小林氏は引き下がった。

もどかしさと、寂しさ。疎外感。何度経験しても慣れることはない。

奥さんの強張った横顔は、娘さんのそれと、とてもよく似ている。


さらに数日後、就寝の少し前——。

小林氏はリビングで、遅いニュース番組を見ていた。

奥さんは入浴中。廊下の先からシャワーの音が、サアサアと聞こえる。

そこに、娘さんが入って来た。

パジャマ姿である。

「……どうした？」

「……行っちゃった」

「行っちゃった？　誰が、どこへ？」

「行っちゃったの。私、もっと遊びたかったのに。遊びたいって言ってたのに」

ブワッ、と突然娘さんの両目から涙が溢れ出し、そのまま幼児に戻ったように、あーん、あーんと声を上げて泣き始めた。

小林氏は仰天して、咄嗟に彼女を抱き寄せ「大丈夫だ、大丈夫だ」と繰り返した。

そして自分自身の無力さに、愕然とした。


「――なにが起きたのか、本当に大丈夫なのかもわからない。どうすることもできない。親としてこんなに苦しいことって、他にはないよ……」

あとになって奥さんから、断片的にだが状況を教えてもらえた。

その頃、娘さんにつきまとう小学生くらいの、「死んだ子」がいたのだという。

「どこからついてきたのかはわからないけど、油断すると家の中にまで入って来そうだし、妻も戦々恐々としてたみたいだね。で……、その子は娘と随分仲良くしたがってて」

遊ぼう、遊ぼう、と何度も彼女を誘う。

好意を寄せられるとすぐに応えたくなる娘さんは、勿論、そうしてあげたい。

だがそれは、いけないことだ。

「遊んじゃいけない相手だ、話をするな、って妻は厳しく教えたんだって。何か言われても全部〈無視〉しろ、って。……これ、小さい子にはかなり難しいことだと思う」

無視、というのは小学生の娘さんにとって、紛れもなく「いじめ」のひとつである。

学校は勿論、家でもそういった行為の悪質さは教えてきたつもりだった。

なのにその子だけは無視しろ、と言われる。

つまり自分の親が、「その子をいじめろ」と言う――。

なるほど、これは娘さんの心を想像すれば、あまりにも惨《むご》い話に見えてくる。

合点がいった小林氏は、娘さんが自己嫌悪に陥ることがないよう、それから懸命に彼女を褒め続けたそうである。


これからも苦労は絶えないと思うが、できるだけのことはしてやりたい。

娘にも、そして妻にも、もうあんな固い横顔をさせたくない。

そのために俺はどうすればいいかな？

――小林氏はそう自問するように呟き、天井を見上げた。

ご挨拶

詩織さんが長く付き合ったお相手と結婚することになった。

「聡君のご両親に、ご挨拶に行くんです」

そう聞いたときには心から祝福したものである。筆者は両者とも知人であるので、出身も知っており改めてどこへ行くかは訊かなかった。

しかし後で聞いたところによると、その場所は聡の出身地ではないはずなのだが。

新幹線の駅から車で二時間。

山奥にある聡の両親の家へ行くと、両親もそれはそれは喜び、結婚を快諾した。

結納はどうするかなど今後の日程も概《おおむ》ね話しあったのだという。やることは山ほどあり、決めることも多い。

「親父、それは気が早いんだよ」

夫になる聡はそう言って、気の急く両親を宥めた。

「詩織のご両親の都合もあるだろ」

そうだなと義父母になる二人も納得し、その日は近隣に挨拶でもということになった。

「近所——組内っていうんですか？　近隣の家に、お披露目というか、挨拶回りをしてこいって言われたんです」

そういう風習があること自体、彼女は初耳だった。

聡のほうも「そんなことやるのか」という調子だったが、特別嫌がる理由もないし、心証を悪くすることも避けたいのはどちらも同じであった。

すぐに近隣の家々を回ることにした。

「十軒くらいって聞いたんですが、家から家までかなり遠いし、軒数ももうちょいありました」


午後すぐに回り始めた。

挨拶回りは聡と詩織さん二人だけで行う。両親は家で帰りを待つことになっていた。

一軒目は留守なのか、呼び鈴を鳴らしても出てくる気配がない。

すると聡は、ごく当たり前のように玄関の引き戸を開いた。

「——留守みたいだなぁ」

失礼かと思いつつ、詩織さんも少しだけ家の中を見た。

小さな土間の向こうはすぐ薄暗い居間になっていて、こたつが一脚ある。

(——?)

そのとき、詩織さんは一瞬、妙なものを見た気がした。

だが確かめる前に聡がピシャリと引き戸を閉めた。

「ここは後回しで、次の家に行こう」


「でも次の家もやっぱり留守でした。その次も」


おかしいなぁ、と聡は首を捻ったそうである。

休日の昼時で、普通なら家人がいるはずだ。なのに連続して留守。

次の家も留守だ。聡はガレージを覗いて「車はあるんだよなぁ」と言う。

詩織さんが振り返ると縁側が見えた。

磨りガラスの向こう、縁側の上で何かがゆっくりと動いている。

焦れるように、ゆっくりと動く二つの何か。

「まぁ、次へ行こう」

次、とは言うがどういうルートなのか詩織さんは掴みかねていた。

最初、近くから順に回っていると思ったのだが、どうもそうではなさそうなのだ。

事実今だって目の前にとても古い、藁《わら》葺《ぶ》き屋根の家があるのに、聡はそれを無視して「次へ行こう」と言った。

そうして無視された家はそれまで二軒ほどになる。

「聡君、あの家は？　藁の屋根の——」

「ああ、そこは後だよ」

後、ならばつまり空き家というわけではない。どこが後でどこが先なのか、それが詩織さんにはわからなかった。

詩織さんが次に連れられていった先は、犬を飼っていた。

歩いて坂を登り、庭に入るなり二頭の大型犬に激しく吠えられた。

「相変わらずバカ犬だな」と聡は犬を威嚇し、その先の玄関を叩く。

そこも返事はなかった。

にも拘わらず躊躇なくガラガラと引き戸を開ける。広めの土間の向こうには茶の間。

ここの家は耳が遠いんだ、と彼は耳打ちし、「ごめんくださ い!」と声を張り上げながら土間へ入っていった。

そこには卓袱台と座椅子、テレビがあり、住人の姿はない。

薄暗い茶の間、その卓袱台《ちゃぶだい》の上——そこで動くあるものに、彼女の目は釘付けになった。

独楽《こま》だ。

二つの独楽が回転しているのだ。チリチリと音を立て、ゆっくりと卓袱台の上を行ったり来たりしている二つの独楽。

「留守みたいだ」

「えっ、でも独楽が」

しかもそれは、この家が最初ではない。

最初の家でも、詩織さんは見た。一瞬だけだったが、あれは確かに独楽だったはずだ。

その後の家の縁側で動いていたもの——磨りガラス越しではっきりと見えたわけではないが、あの動きは独楽だった。

今、独楽が回っているのなら、直前に回した誰かがいるはずだ。そんなに長い間、ひとりでに回っていられるようなものではないのだから。

「ねぇ、やっぱりいらっしゃるんじゃない?」

詩織さんが独楽を指差すと、聡は「うん」と小声で答えた。次いで大声で呼んだが返事はなかった。

その間も、ずっと独楽は回り続けていた。

「――やっぱ居ないみたいだ。次へ行こう」


詩織さんはその時点ですでに不気味に思い始めていた。

「その後も、行く家行く家みんな留守なんです。注意深く盗み見たんですけど、やっぱりどの家も、どこかで独楽が回ってたり、ジージー音がしたり――」

独楽について、なんの説明もない。

流行っているでも地域の名産でも、何かしら説明らしきものがあれば彼女は飲み込めたかも知れなかった。

それすらなく、肝心の結婚の挨拶もままならぬままだ。


「ねえ、日を改めよう？　私、また次の休みに来るから」

「――いいんだ。今日中に回り切る。それだけ」

何軒目かでようやく住人と会えたとき、すでに陽は傾き、周囲の高い山々の間に落ちてしまっていた。

「よう、聡ちゃん。久しぶりだねえ」

ごく普通の老婆で、足が悪そうだった。身構えていた詩織さんは拍子抜けしてしまった部分もある。

自己紹介をして、聡が「嫁です」というと、老婆は「えれえ嫁さんだね」と答える。そしてなぜか「相済まねえね」と詫びる。

「この通り、足が利かなくてよ」

「いいんだよばっちゃん」

詩織さんには話の流れがわからなかった。

「他の家はもう回ったかい」

「どこも留守だよ」

「――そうかい。何事もねといいんだけど」

詩織さんはその会話をどうにか良いように解釈しようとしたが、無理であった。

最後に、途中飛ばした家を回った。

近くなのに順番を飛ばしたせいでひどく大回りになってしまった。それは土地勘のない詩織さんにも明らかだった。

日も暮れてしまった。

その家々もやはり留守で、卓袱台や下駄箱の上や上がり框《かまち》に独楽が二つずつあった。

それは回ってはいなかった。


ご実家に戻ると、聡は父上に「親父、どこも留守だったよ」と報告した。

「なら後でおれとおかんで挨拶に行くべ」と父はそう答えた。

「留守だったけどよ、隠れてんじゃねえかな。独楽が回ってたんだもの」

「……」

父は驚いたように何かを言おうとしたが、急に落胆したように口篭もってしまった。

「詩織もずいぶん気味悪がってたぞ。なんだよあれ」

父も母も、その疑問に答えることはなかった。


「それと何か関係あるのかな。あんなに喜んでた聡君のご両親も、急に及び腰になっちゃって——私、歓迎されてないのかも」

だとしたら辛いよね、と詩織さんは零す。

「結婚かぁ。どうしようかな——」

奥の間

堺さんのお母さんの話である。

「……まだ独身の頃だそうですから、もう三十年以上前のことになります」

お母さんは二十代前半の一時期、都会での生活に疲れ、実家へ戻っていた。

就職先が合わなかっただけでなく、どうやら失恋なども重なっていたようだと、堺さんは言う。

「流石にその辺は母も恥ずかしいのか、詳しく教えてくれませんでしたけど。とにかく、丸一年くらい家事手伝いの状態というか、再就職先を探す訳でもなし、ただ家でボンヤリしてたそうなんですね」

これはそんな期間に起きた、思い出話。

——以降、本稿においては彼女のお母さんを、当時の旧姓で「丹葉さん」と記す。

※

家々が田んぼに囲まれ、その外側を更になだらかな山稜が囲む、田舎町――。

町内の家のほとんどは農業に従事していたが、丹葉さんの両親はともに教員だった。

農家というのは横のつながりが太く、またそれを重視するものなので、精々家庭菜園くらいしかしていない丹葉さんの家は、ともすれば周囲から浮いてしまいがちになる。

つまりいささか、近所衆の目が気になる環境であったらしい。

そんな中、都会から戻った娘が職探しもせず、日がな家に篭もっているというのは、如何にも体裁の悪い話だった。

このまま放っておけば、無用な噂話まで生まれかねない。

「福沢の家がお手伝いさんを探している」という話を小耳に挟んだ丹葉さんの母が、すぐにそれを彼女に勧めたのは、そのような背景によるものだろう。

「……簡単なお掃除らしいし、行くのは週に一度で良いそうよ。それくらいなら平気でしょう?」

「う～ん……」

「昨日もお隣に訊かれたんだから。お嬢さんどうしたんだい、具合でも悪いんかい、って。少しは人前に出るようにしてもらわないと困るのよ」

「ああはいはい、わかりました。どうもすみません……」

——しかし、少し考えてみると妙な気がした。

福沢の家、というのは昔の地主で、今も町内有数の豪農である。

当然親戚の数も多い。掃除を頼む相手くらい、いくらでも見つかりそうなものだが。

「それがね……、親戚じゃ駄目らしいの。余所の家の人じゃないと」

「……なに、それ。どういう意味？」

「さあ……。別に変な意味じゃないと思うわよ、男でも女でも構わないそうだし」

「ちょ、ちょっと。余計なこと言うのやめてよ。気持ち悪いじゃない」

「とにかくアルバイト、引き受けてくれるわね。明日、電話しておくからね」

「………」

と、概ね有無を言わさぬ流れで、丹葉さんは仕事にやられることになってしまった。

——町内の田んぼの三分の一は、かつて福沢家のものであったという。

戦後の農地改革などによってその面積を大幅に減らされたが、町内の顔役であることに変わりはなく、「盾突けばムラには居られない」という認識を今もなお、ほとんどの住人が持っているようだ。

その本家ともなれば、やはり尋常な広さの家ではなかった。

瓦の載った土塀にぐるりと囲まれた敷地は、本格的な日本庭園を有する。

長い廊下が複雑に入り組んだ平屋建ての母屋、三つの蔵、納屋、そして昔の使用人が暮らしていたという長屋。

山門と見間違うような立派な門をくぐるなり、丹葉さんは当然、圧倒されてしまった。

「あらあら、よく来てくれましたね、丹葉先生のお嬢さんね。どうぞどうぞ、入って」

出迎えてくれたのは、しかしどこにでも居そうな農家の主婦。畑仕事の途中だったのか、膝には土がつき、日よけの大きな帽子をかぶっている。

地主の奥様、といった雰囲気を想像していたので、彼女はまた面食らった。

「た、丹葉サチエです。よ、よろしくお願いします……」

「サチエさん。はい、どうぞよろしくね、福沢です。……ウワー、広くて大変そうだなーって思ったでしょ？　ウッフフ、大丈夫大丈夫。お願いするのは〈奥の間〉だけだから」

「〈奥の間〉……？」

「ええ。ここは暑いから、とりあえず、中へどうぞどうぞ」

冷たい麦茶を頂きながら説明されたところによれば、この家の掃除はやはり奥さんだけでなく、新宅のお嫁さんやら何やらにも手伝ってもらっているという。

庭木の手入れも含め、基本的には親戚回りを動員することで、この邸宅内の美観が維持されている。

「……でもねぇ。こんなことを言うと妙に思われるかも知れないけど、古い家だから、面倒なルールがいくつかあるのよ」

「ルール、ですか」

「ええ。いわゆるシキタリって言うやつねぇ……」

かく言う奥さんも、余所から嫁に来た身である。

染みついた義務感というより、「付き合い」感覚でそれを守っているようだ。

「そこの廊下をグルグルグル、って三回右に曲がったところに、小さい納戸があってね。その中に、神棚が祀ってあるらしいの」

——らしい。

ううん？　と、丹葉さんは首を傾げる。

「ごめんなさいね。私もそれ、見たことがなくて。……と言うのも、家の人間はその納戸に入っちゃいけないことになってるもんだから……」

昔は毎日、長屋に住んでいた使用人がその神棚に、お水と、お塩と、炊き立てのご飯をお供えしていたという。

が、それも時代と共に移り変わり――今では週に一度だけ。

近所衆に頼んで、神棚の埃を払い、榊《さかき》を差し替えるだけで済ませてきたらしい。

「やっぱり食べ物を置いておくとね、ホラ、鼠が来ても困るし。簡単にしようって先代が決めてくれたから、昔より楽にはなってるんだけど」

家の者が立ち入ってはならない、という点だけは頑なに守られている。

結納前の挨拶に来た際、納戸の中を見てしまったせいで婚約が破断になったケースまであったというから、相当なものである。

「この家に入るなら見ちゃいけないし、見たら出て行かないといけない。そういうシキタリになってて。ホント、時代錯誤もいいところよねぇ……」

奥さんは自嘲気味に笑って言う。

――その笑顔がかえって、何かを誤魔化そうとしているように見えるのは、勘ぐり過ぎだろうか。

丹葉さんはぎこちない追従笑いを浮かべながら、なにか厭な予感めいたものが湧き始めるのを、懸命に耐えた。


案内されるがまま、彼女は大きなお寺を思わせる廊下を歩く。

飴色の床板は顔が映るほど入念に磨き上げられている。

建物の北西の隅に当たる、最初の角を右へ。

しばらく進むと板戸に突き当たり、これも右へ。

そこから先は酷く暗い。パチン、と奥さんが廊下の電灯を点けた。

進む——天井の電球が床板にも反射している。

周囲の音がフッ、と消えた気がする。

しばらく進むと板壁。それを右に。

二間ばかり先で、これといった特徴のない古い引き戸が、廊下を塞いでいる。

そこで行き止まりである。

奥さんは最後の角を曲がらず、その手前で立ち止まっている。

「……今日は中の様子を見てもらうだけでいいからね。私はここで待ってるから、どうぞ」

「…………」

丹葉さんは思案しつつ、やはり先に訊いておくべきだと思い、顔を上げた。

「あの、すみません。私の前の方はどうされたんですか……？」

「………」

「何か事情があって、来られなくなったんでしょうか？」

「………」

スッ、と奥さんが後ろに下がった。

どうして返事をしてくれないのか。

気味が悪い。

――やっぱり帰ろうか、とも思ったが、すると両親の困り顔も目に浮かんでくる。

ここまで来て逃げ帰るというのは、余計に具合が悪い話だろう。

仕方がない――。

丹葉さんはゆっくりと廊下の奥へ向かった。

足の裏が途端にざらざらし始める。埃と、黴の臭いもする。

お屋敷と言っても過言ではないこの立派な家で唯一、碌《ろく》に掃除もされていない場所。

そもそもどうしてこんな奥まった、真っ暗な場所に部屋を……？

引き戸に手を掛け、思い切って開けようとしたが建て付けが歪んでいて予想外に重い。

「……んん、んんん」

ぐぐっ、と更に力を込めると、五センチばかり隙間が開いた。

中は完全な暗闇。

何も見えない。奥行きすらわからない。

しかし突然、ゾッとするような冷たい空気が彼女の手を撫で、顔に吹きつけた。

思わず「ヒッ」と一歩下がるや否や、「バシンッ！」と板戸は内側から閉められた。

鳥肌が足元から首筋まで、一瞬にして這い上がった。

※

「――すみません。なので結局、母はその納戸の中を見てないんです」

なるほど――。

冗談じゃない、気味が悪いと逃げ出して、それっきりであるという。

「あとから祖母に、滅茶苦茶に叱られたそうなんですけど。あんなところに行くくらいなら、ってことで、結局また都会に出て、働き始めたとか」

今でもその時のことを思い出すと、お母さんの腕は粟立つらしい。

あんな真っ暗な場所に、誰が居たというのか。誰が戸を閉めたのか。

福沢家の奥さんは、逃げ出すお母さんに冷たい一瞥《いちべつ》をくれただけで、何を訊ねてももう、ひと言も口をきかなかった——。

よって、福沢家で何が祀られているのかは、今も不明なままである。

魂追い

工藤さんの田舎では、人魂《ひとだま》が非常に縁起の悪いものとして伝わっている。

「今どき人魂って言われても、って感じはしますけど」

これは大昔の話ではなく、今現在も地元の常識、あるいは警告として、言い伝えられているものだという。

「……私の祖父の弟も、若い頃に見たそうです。五人くらいで、夜中に」

当時の地元の若い衆は、何かにつけて寄り集まり、酒を飲んでは自慢話をしたり、小競り合いをしたりというのが日常であった。

彼女の大叔父である工藤氏も、呼ばれれば平日であろうが残業帰りであろうがホイホイと出向くのが当たり前の習慣だった。

そんな、ある日。

いつものように誘いの電話が掛かって来たのは、風呂と晩飯を終えた午後七時過ぎ。支度をして、ぶらりと某氏の家まで向かったのだが——何故かその時は、夜の空気が、ざわざわと騒めいているような感覚があった。

どことなく落ち着かない。

田んぼの上を抜ける風も、草むらから聞こえる虫の声も。なにか、普段とは違う仄《ほの》かな緊張感を漂わせているように思う。

工藤氏は首に巻いた手拭いをしきりに直しながら、通いなれた夜道を歩く。

やがて、遠くにポッと某氏宅の灯りが見えてきた。

それと同時に、「……あっちだあっちだ！」「ああーッ！　消えた、いやまた出た！」と、興奮した若い衆の声も聞こえる。

工藤氏は咄嗟に走り出した。

「なんだなんだ、どうした！」

「おお、クッさん、アレ見てみろ！　人魂が出たぞ！」

彼らに駆け寄ってみれば、その指差す先に。

樹々に覆われた深い谷の合間を、すう、すう、と蛍のような動きで浮遊する物体。

その光の色味は白く、野球の硬球くらいの大きさがある。

「ワイ、降りて行ってみるわ！」

「おお、そんなならワイも！」

どやどやと、谷への道を走り出す者達。クッさんも行こう、と当然誘われる。

しかし工藤氏は思案して、ついて行かなかった。

その人魂の、こちらを招くような挙動が気に入らなかったからだ。

「……あんなモンを追いかけたら、騙されて、谷に落とされてしまう。ワイは行かん。お前らもやめとけ」

「なんじゃ、クッさんは怖気《おじけ》づいとるんか。そしたら、ワイらが捕まえてきてやるから、ここで待っとれ」

竿の長いタモを手に取り、都合三人ばかりが谷の中へと入って行った。

残った工藤氏ら数人は、上から彼らの声が遠のいていくのを眺めていた。


――そして、誰も帰ってこなかった。

三人とも谷底の川に落ち、流されてしまったのである。

その夜の内に捜索が行われ、遺体はすぐ発見されたが――転落した拍子に頭を強く打ったのか、頭頂部が真っ平になってしまっている者もあった。

若者三名が酒に酔い、川に転落、というような見出しが地元の新聞に載った。

「……大叔父は、その時のことをずっと悔やんでましたね。引き留めればよかった、って」

この事件の他にも、人魂に誘われて山へ迷い込み、何日も帰って来られなかったという話もある。

数匹の猿が行列になり、フラフラと光球の後ろを歩いていたという証言まである。

命があるものなら人でも動物でも構わないのだろう、アレはそういうモノなのだ、と、工藤氏は忌ま忌ましげに断じていたそうだ。

地元の人間は今でも時折、山間を浮遊するそれを目撃するらしい。

針金

　郡司さんが子供の頃の話だ。

「なーんもねえ田舎だからよ。遊び場といや校庭か、河原か、神社」

　その日、工事かなにかで小学校の校庭が使えなかった郡司さんらは、神社に集まっていた。

「やることもねぇし、隠れんぼでもすっかって――まぁ、誰が言い出したわけじゃねえけど」

　当時もう隠れんぼに夢中になるような年齢でもなかったというが、こうしたことは誰かが隠れたり、捕まえたり、缶を蹴ったりして急に始まることもある。

　このときもそうだった。

「『鈴やんがいねえ』って誰かが言ったんだったな。んで、『隠れた』『見つけるべ』みたいなノリで。鬼は――」

誰が最初の鬼か、決めた覚えはなかった。

「たぶんモッチだ。あいつがウスノロだから、何やるったって最初の鬼だ」

郡司さんは走った。

こういうとき彼はたいてい、仲の良かった鈴やんと組んで行動する。しかしこのとき、鈴やんは真っ先に消えてしまっていた。

彼は一人で神社の裏の雑木林に紛れ込み、隠れる場所を探す。

暗黙のルールに『神社からそう離れてはいけない』というものがあったが、このルールは年々緩まっており、この頃には神社の裏を流れる川までは大丈夫になっていた。

ただし川には隠れるところなどない。そのためこのルールの緩和にどれほどの意味があったか、おそらくそれは子供にしかわからない意地のようなものであったことだろう。

あてもなく彼は走り、雑木林を抜けるところだった。

そこから向こう、少し下った先はすぐ淀んだ淵なので、彼は足を止めてあたりを見渡す。

すると彼のすぐ横に、深い木組みの桶がぽつんと置かれているのに気付いた。

婆ちゃんが糠漬けを作る桶などよりずっと深い桶で、高さも彼の背丈より少し低いくらいある。

中身は空だった。傍らにはやはり板組の蓋が立てかけられている。

おーい、と雑木林の向こうからモッチの声が聞こえたので、郡司さんは一も二もなくそこに飛び込み、蓋を引き上げて閉めた。

「こう、細くて白っこい板っぱちを並べて組んだ丸い桶だ。隙間があってな、中は真っ暗じゃなかった」

手相までは見えないが手の輪郭はわかるくらいの薄暗さだったという。

しばらく息を潜めていると、がさがさと下草を踏み分ける音が聞こえてきた。

何かを探すような——モッチだ、と郡司さんは思った。

しかし足音はがさがさぐるぐると桶の周辺を回っているだけで、一向に蓋を開けようとしない。

いくらモッチがノロマでも、このいかにも怪しい桶を調べないわけがない。

(なんだよ、なにやってんだ。わかるだろ。早く開けろよ)

だってあたりに隠れる場所なんてここしかない。

なのに足音はやがて遠ざかっていった。

（何なんだよ！　ノロマ！）

郡司さんは、いきなり蓋を突き上げて、モッチの背後から思い切り脅かしてやろうかと考えた。あるいはこのモッチの間抜けぶりに、こうして密かに嗤いを噛み殺しているのも隠れんぼの醍醐味である。

脅かすのは次に、他の奴らと来たときにしようと考えた。

「だってそのほうが面白《おもしれ》ぇだろ。底意地の悪いガキだなって今なら思うが、子供の頃大事なのってそういうもんだろうが」

他の奴らを見つけて、大勢でここへ戻ったときにやる——モッチは腰を抜かすだろうし、なら他の連中がいたほうが面白い。

そうほくそ笑む郡司さんだったが、次第に心細くもなってきた。

いくら待てどもモッチらが戻ってくる気配はない。よっぽど上手く隠れたのならともかく、あからさまに怪しい桶の中で、ほとんど見つけてくれと言わんばかりだ。

こうなると別の不安が過《よ》ぎる。

「いやこれはもしかして担がれてるのはこっちなんじゃねぇかってよ。モッチの野郎、俺がここにいるって気付いていて、わざと放置したんじゃねぇか。いやそうに違いねえって」

彼は自分から出てゆくべきか迷い、蓋を薄く持ち上げて外を窺うことにした。

天井の蓋に両手をつけ、ゆっくりと持ち上げようとしたが——開かない。

不審に思って更に力を込めたが、やはり蓋はぴくりともしない。

閉めるときはあんなに軽々と引き上げられた蓋が、今はまるで接着されたように開かない。

「おい！　誰か乗ってるのか！　退け！　承知しねえぞ！」

彼は隠れんぼのことなど忘れて叫んだ。

声は桶の中で何度も反響し、おそらく外にも相当量聞こえているはずなのだ。

彼は天井を叩く。

「おい！　しつけえぞ！」

誰か、あるいは何かが乗っているとしか思えない。

さっきモッチがここへ来たときに何か重しを載せていったのかとも思うが、同時にそんな素振りはなかったとも思う。

ふと、外で物音がした。

「誰だ！　開けろ！　おい！　開けてくれ！」

人の気配とみて、彼は懇願する。

すると、板と板の細い隙間を更に押し広げるようにして、外から何かが差し込まれてくる。

細い何か。

「おい！　なんだよこれ！」

差し込まれてくる長細い何かが目の前にまで差し迫ったとき、ようやくそれが何かわかった。

針金だ。

一本の針金はズッズッと押し込まれ、その先端はまるで意志を持った何かのように曲がりくねってこちらへ迫ってくる。

「やめろって！　おい！　開けろぉ！」

彼は狭い桶の中で身じろぎ、背中を湾曲面に押し付けて針金を避ける。

針金はその曲がった先端を、彼を探すようにゆっくりと回転させていた。

息を呑み、思案する。

（チクショー、なんだよ）

咄嗟に避けてしまったが——これはただの針金である。引っ掴んで引き抜いてやればそれまでだ。

彼は眼前まで迫る針金を掴み、力を込める。するとそれはあっさりと板の間から抜け、桶の床に落ちた。

桶の底面はやはり板組で、しかし外周や蓋と比べれば作りが雑なのか、隙間が多い。そこから雑草などが顔を出している。

それに触れて、彼は気付いた。

底からの雑草に混じって、沢山の針金が生えているのだ。今掴み抜いて放った針金とは別に、似たような太さの針金が、ビッシリ底を覆っている。

「ひっ」

それに触れて、彼は息を呑んだ。

床は地面に接しているはずなのに、そこから伸びた針金が更に伸び始めたからだ。まるで海底の珊瑚のように針金は彼の尻や、腿を突き、引っ掻く。

気がつくと彼の左手は、その針金に絡め取られていた。

慌てて手を引き抜こうとして指の関節を引っ掛け、痛みが走った。

出血している。

「おい！　やめてくれ！　なんだよこれ！」

郡司さんは、あて所もなく叫ぶ。

だが叫んで気がついた。

いつの間にか、ピンと張り詰めた針金が彼の顎の下に入っていたのだ。

首が動かせない。

恐る恐る右手でその針金を掴むと、それは上のほう——おそらく蓋の隙間のほうへと伸びていた。

彼は今、尻もちをついた状態で、背中を桶の湾曲にぴたりとつけている。その状態で首を針金でロックされてしまうと、もう身動きが取れない。

顎の下の針金は、彼の首を絞めるのでなく、顎を釣り上げるように、ゆっくり、きりきりと絞まってゆく。上へ、上へとだ。

後頭部はぴたりとくっついている。彼の頭はもう後ろには倒せないし、左手は血まみれで、底面に突っ張ったまま動かせない。

彼はもう口を開けて叫ぶことができなくなってしまった。

そのとき、彼の頭の上で、手が動いた。

一瞬、視界の上界に、紛れ込んでしまったように見切れただけだ。それでも彼はそれが手だと確信した。

手は、針金で郡司さんの顎を釣り上げ、反対の端を頭の上で結ぼうとしている。

郡司さんにはそれが感触でわかる。彼の髪を掻き分けながら、器用に動くその手つきで、だ。

――誰かいる。

彼は自分の右腕を振り回した。その右腕が、誰かの腕に当たる。異様に細くて硬く、冷たい――それでも確かに誰かの腕だった。

この狭い桶の中は、空っぽだったはずだ。他に誰かがいるはずもない。

なのに今誰かが、自分の頭の上で顎を縛り付けようとしている。

(助けて)

彼の叫びは、声にはならなかった。嚙み殺したような唸り声になってしまう。

「わけがわからなかった。体どころか首だけだってもう動かせねぇし、桶の中には俺だけなのに、中にもいるし、外からも妙な気配っつうか何か、とにかく誰かいるんだよ。もう殺されるんじゃねぇかって――」

彼の耳には、自分の唸り声と、外の草を踏み分ける音が聞こえていた。

そのとき、その足音をかき消すような叫び声が聞こえてきた。

郡司！　と呼ぶその声は、鈴やんに違いない。どうして桶の中にいるのが自分だとわかったのか、彼は気にしなかった。

彼はとにかく力の限り唸る。外からの呼び声も大きくなる。鈴やんはずっと何かに対して叫んでいた。

すると——針金の緊張がスッと解けた。

顎を固く締め上げていた針金が緩み、ゴミ同然に放り投げられる。あれだけ左手にきつく絡んでいた針金も解けた。

郡司さんは叫ぶ。

「鈴やん!!　鈴やーん!!　ここだ!!　助けてくれ！」

鈴やんもそれに応えてくれた気がした。

ところが。

「変なんだ。鈴やんの声がどんどん遠くなってく。針金は解けたのに、なぜか俺は身動きできなかった。金縛りなんかじゃねぇ。ビビって動けねぇって感じでもなくて——磔にされたみてえによ」

鈴やんの声は「どけ」とか「とまれ」とか見当違いな言葉になっていた。

どうしたことか――その声が急速に遠のく。

「助けてくれ!!　鈴やん!!　逃げねえでくれよ!!」

そのとき、急に世界が一転した。

ごろりと薄暗い視界が回転して、彼は狭い桶の中でぐるりと横倒しになる。

同時に蓋が開いて、彼は外に飛び出していた。

彼とともに、無数の曲がりくねった針金が吐き出される。

明るい。

しかし。

そこは雑木林ではなかった。

深緑の淀んだ水を湛えた淵の際、落水まであと数センチといったところだったのだ。

隠れんぼの終盤、郡司さんだけがまだ見つかっていなかった。そのため残る友人らは手分けして探すことにした。

鈴やんは「郡司ならこっちだべ」と神社の裏手へ回ったが、そこにもいない。そこで彼は雑木林まで来たわけだ。

その奥で、鈴やんはありえないものを目にした。

「鈴やんに聞いたらな、桶の蓋の上には婆さんが乗ってたっていうんだ。裸の婆さんだよ」

桶からは郡司さんの唸り声。

鈴やんがそれに気付いて叫ぶと、老婆は桶を、まるで乗り物かのように駆り出した。

淵の方へ向かっていたのだという。

郡司さんが動けなかった理由はおそらく、加速だ。

鈴やんは懸命に追いかけたが追いつかなかった。

やがて桶は斜面を転がり落ちて、すんでのところで中から郡司さんが飛び出してきたというわけだ。

郡司さんは切り傷、擦り傷だらけで、痣はしばらく顎の下に残った。

「その桶ってのはな、しばらくしてから大人に聞いたけど、怒鳴られたな。『んなもんに入るなんてとんでもねえ』ってな。顔真っ赤にして『ありゃ仏さん入れるもんだ』って。昔使ってた、土葬用の棺桶らしい。なんだってそんなもんが神社の裏にあったのかはわからず仕舞いだったたが」

大人たちは、針金については口を噤んだという。

ところで、彼が隠れた直後、近くまで探しに来たのは本当にモッチだったのか。

彼は当然モッチを責め、問い詰めた。

「モッチは、裏の雑木林までは来ねかったっていうんだ。あいつは未だに神社の周りだけってルールを信じてたんだ。本当だべな。本物のノロマだ」

それが本当は誰だったのか、わからないままである。

つまみ子

新田さんが小学生の頃のこと。

当時は近所の神社で行われる夜祭りに、家族で行くのが恒例だったという。

「子供ですから、やっぱり露店で色々買ってもらうのが楽しみで行ってたんですけどね。りんご飴とか、アメリカンドッグとか……」

同級生の中には親から小遣いをもらって、友達同士で来ている者もあったが、新田さんの家では日没後の外出は許されていなかった。

なので、彼女とひとつ年下の妹は、それぞれご両親に手を引かれながら夜道を歩いた。

妹さんはお父さん、新田さんはお母さんの隣が定位置である。

「……小学生の間はずっとそんな感じだったと思います。普通だったらお友達と、子供同士だけで行きたい！　ってなるのかも知れませんけど」

それは、厭だった。

——神社までの道が、怖かったのである。

何歳の時だったのか最早思い出せないと言うが、一度だけ、こんなことがあったからだ。

その日は祭りではなく、町内会だか氏子だかの集まり——というよりも宴会が、神社近くの集会所であり、お父さんがそれに参加していた。

新田さんも「一緒に行きたい」と自分から言い出して同行していたのだが、いざついて行ってみれば、大人達が酒を飲んだり煙草を吸ったりしているだけのつまらない会だった。

やがて日も落ち、場がお開きになる頃には、彼女は広間の隅に座布団を並べて寝かせてもらっていた。

「……ハナ、帰ろうか」

酒臭いお父さんが彼女を覗き込み、声をかける。

眠い目をこすりこすり、うん、と頷いたが帰路がつらい。

「……おんぶしてくれる?」

「なんだ、仕方ないな……。ほらおいで」

少し酔っぱらったお父さんの背中は熱かった。

幼い新田さんは、そこに頭を預けてまた、うつらうつらとし始める。

家もまばらな郊外の田舎道。

お父さんは近道にと、田んぼに挟まれた農道へ入る。

ギャア、ギャアと耳障りな鳴き声を紺色の空に響かせながら、青鷺が飛んでゆく。

太陽が沈んだあとは急速に周囲が暗くなり、半ば眠りかけた新田さんが目を開ける度に、夕闇は濃く、深くなっていく。

――と、そんな中。

クックッ、と背中のシャツの裾を引っ張るものがある。

お尻を預けているお父さんの手が、悪戯で引っ張っているのかと、最初は思った。

「……いやだ。眠い」

「はいはい」

揺すられ、また目を閉じる。

――クックッ、クックッ。

「やだ。やめてよ」

「何が……？　もうすぐ着くから、寝てなさい」

スーッ、と目が覚めてゆく感覚があった。

お父さんの両手は、お尻の下にある。自分はそこに座っているのだ。

無理やり捩じればシャツを抓めないこともないだろうが、そんな様子はない。

新田さんは顔を上げ、後ろを振り返った。


自分達の背後を夜目にも白い、全裸の、そして猫背の、痩せた子供がついて来ていた。

ザンギリ頭の下に両目は無く、口だけがヒョットコのように突き出されている。


「……ひ、ヒアッ……」

ギューッ、と新田さんはお父さんの肩に爪を立てる。

いてててッ、とお父さんは声を上げて立ち止まりかけた。

「ダメダメダメ、お父さん！　早く！　早く！」

「どうしたんだ一体。小便でもしたいのか？」

「いやぁ、いやぁーーっ！」

流石に様子がおかしいと思ったようで、お父さんは半ば駆け足で急ぎ始める。

だが、それに合わせて痩せたヒョットコも速度を上げる。

細い骸骨のような指を伸ばし、彼女の服をつまもうとする。

「ひいいぃいぃっ……！　ひい、ひいいぃぃいぃ……」

——結局、いつそれが居なくなったのかは覚えていない。

ただワアワアと泣きながら帰宅し、自分が見たものを必死に説明した。

野良犬か何かを見間違えたのではないかと、最初はお父さん達も思ったようだが——。

「……その時来てたシャツの、背中の裾の部分をみて、二人とも顔色が変わったんです」

その裾はにはまるで、切れ味の鋭いカッターナイフで何度も撫でたように、縦に幾筋も幾筋もの切れ目が入っていたからである。

以来、新田さんの家では日没後、子供達だけでの外出は禁止された。

虫干し

飯島さんのお祖父さんの家では、時折調度品などの虫干しが行われる。

「毎年って訳でもないんですよ。単に、お祖父ちゃんが思いついた時に〈やるぞ〉って、親戚が呼ばれる感じで」

おそらくは虫干しそのものが目的ではなく、親類縁者が集まる機会を設けたいのだろうと推測される。

お祖父さんの子、つまり飯島さんの叔父や叔母に当たる人々は、実に六人もいる。その配偶者や子供達まで合わせると、都合三十人ばかりもが集合することになる。

「だからそれはもう、大騒ぎになりますね……。お祖母ちゃんがコッソリ電話してきて、無理に来なくていいからね、誰それも今年は来ないって言ってるからね、って」

法事でもないのに、親戚が全員集合する必要はない。

大した値打ちもない骨董品に黴が生えようが、死ぬわけではない。

お祖母さんはそんな風に言い、息子や娘夫婦に気をつかう。

とはいえそれでも、概ね交代をしながら三家族くらいは里帰りをして、お祖父さんの要望に応えているという。

※

「――この蔵にあるもの全部売ったら、幾らぐらいになるのかな」

「さあね。鑑定してもらうだけで足が出るんじゃないか……、ほとんどガラクタだろう」

「なにかちゃんと、由緒書きみたいなのがついたお宝ってないの？」

「ないない。その辺の土産物屋で買ってきたようなのばっかりだ」

飯島さんとお父さんは、愚痴めいたものをこぼしながら荷物を運び出した。

今から三年前の夏、土用の頃のことである。

お祖父さんの家には昔ながらの土蔵があり、雑多な物置代わりに使われている。

手前の方に置いてあるのは使わなくなった家電、日用品。

それを回り込んだ奥のほうに、いわゆる骨董の類や、書画、書籍などが仕舞ってある。

虫干しはまず、それらを搬出することから始まる。

「……お父さん、あっちの箪笥《たんす》は良いんだっけ？」

汗を拭きつつ彼女が指差したのは、一棹の真っ黒な和箪笥。

あちこちの漆が剥げており、丁番には緑青が浮いている。

「あれは――ああ、あれはいいんだ。出さなくていい」

よっこらせ、と木箱を抱えてお父さんは蔵から出て行った。

残された飯島さんは、ふっと突然、柄にもない興味に惹かれた。

何が入っているんだろう。

一度蔵の入り口を振り返ってから、薄暗い床に膝をつき、その箪笥の引き出しを開けてみる――。

紐で括った大きな和紙。
着物を包んである、たとう紙という物だ。
ツンと鼻を突くのは樟脳の匂い。前回の虫干しの際、親戚の誰かが入れたのだろう。
全部で何枚の着物があるのかわからないが、いっぺんに出してしまって良いのかな、と
飯島さんは戸惑う。出す以上は干さなければならない。
そんなに沢山の衣紋掛け、この家にあるのかな。

どうしよう。お祖母ちゃんに訊いてからにしようか……。

とりあえず一番上の一枚だけは出そうと思い、それの下に、そっと手を差し込んだ。

——するとその指が、ひどく冷たい何かに当たった。

一瞬だが「あれっ」と驚き、更に奥へ手を入れると、その冷たいものもまた、人間の手であるとわかった。

「……うわッ！」

彼女は声を上げ、後ずさる。

何。どうして。

「嘘でしょ、やめてよ……」

何かの間違いだと言ってほしい。

マネキンの手？　でも、何故そんなものが。

隅のほうを掴み、思い切って引き抜けば、着物を出すことはできる。

けれど——出したあと、そこに何があるのだろう。

「…………」

ああやっぱり無理だ、と思った飯島さんは静かに立ち上がり、蔵から逃げ出した。

外へ出るなり別の用事を頼まれ、自分が触れたものを説明しあぐねていると、いつの間にか誰かが先ほどの着物を縁側まで運んで来ていた。

なんとなく触れがたい気がして、彼女はその近くへ行くのは避けた。

――次に見た時には、着物は縁側の一番隅っこで衣紋掛けに吊るされ、黒々とした絹の輝きを披露していた。

喪服である。

「……ありゃあ、これは出さなくても良いと言うたのに」

お祖父さんが隣へきて、ぽつりと言う。

丁度隠してあったものが見つかったような、バツの悪い顔である。

飯島さんは、自分が出したのではない、という意味で首を振ってから訊ねた。

「……これってお祖母ちゃんの着物？」

「いいや……、ワシの先妻のよ。だから、ばあさんがこれを見ると機嫌が悪くなる――妙だなぁ。毎回毎回、どうしてこれが出てくるんだろう。みんなに言ってある筈なんだが。この衣紋掛けだって、わざわざ納戸の一番奥から引っ張り出してあるし……」

「えっ、待ってお祖父ちゃん、お祖母ちゃんの前に奥さんがいたの？」

「ああ、うん……。まぁ、それはもう半世紀も昔の話だから、堪忍してください」

ガッハッハ、と困り顔で笑ってからどこかへ歩き出す。

ひとり残された彼女は、黙ってその後ろ姿を見送る。

縁側の上を涼しい風が吹き抜け、はたはたはた、と喪服の裾を揺らした。

※

後日、お父さんに教えてもらったところによると確かにあれは、「キヌエさん」の喪服であったという。その人がどんな女性だったのかはお父さんも知らず、ただ一枚だけ残された白黒写真を、大昔に見せてもらっただけである。

「――線の細い、まるで京都の芸妓さんみたいな美人だったみたいです。でも、結婚して何年もしないうちに病気で亡くなったらしくて」

キヌエさんの妹が、お祖父さんの後妻に入った。

キヌエさんは、お祖母さんのお姉さんだったのだ。

「美人の姉と比べられるのが、凄く嫌だったたって――お祖母ちゃん、まだ子供だったお父さんに言ったことがあるんですって」

件の喪服をいつも干しているのが誰なのかは、お父さんにもわからない。

案外お祖母さんなのではないかと飯島さんは思ったりもしたようだが、いやいや、それだけはないだろうと一笑に付された。

次にお祖父さんの家へ行ったら、頼み込んでその写真を見せてもらうつもりだ、と飯島さんは言った。

「真っ白な、綺麗な手を重ねて、膝に置いていているらしいので――」

ひと目でいいから確認しておきたい、とのこと。

しつけ

谷原さんが中学生の頃の話だという。

当時の彼女は犬を飼いたかったのだが、両親の許可が得られずにいた。

近所の人が愛犬のリードを引き、散歩させていたりするのを、指をくわえて見るばかり。

「でも——あれは夏休みの、少し前だったと思います。母の実家で仔犬が産まれたって聞いたから」

これはチャンスだ、と思った。

谷原さんはここぞとばかり、再び両親に「交渉」を仕掛けることにした。

「一匹くらいもらってあげないと、お祖父ちゃんの家も困るんじゃないの？　棄てられたりしたら可哀相だし、山で増えたりしても困るよ、……って感じで」

祖父母の家は、山の中の一軒家。

実際のところ飼おうと思えば何頭でも飼えるし、産まれたばかりの仔犬を、わざわざどこかへ棄てに行くほど無情な祖父母でもない——ということは、彼女にもわかっていた。

要は強弁である。

両親もその熱弁の中身ではなく、しつこさに折れたのだろう。

「ホントに渋々って感じでしたけど。毎日の散歩を条件に、ようやくオッケーがもらえたんです」

念願叶ったのは翌週の日曜。

谷原さんは祖父母の家へ行き、一頭の黒い仔犬を譲り受けてきた。

「……初めての自分の犬だったから、やっぱりよく覚えてますね。四匹くらいの中に、ひとつだけ黒い子がいて」

どことなく泣き顔をした、黒柴風の雑種。

ぽてぽてと転がるように走る姿に、彼女は一瞬で惚れ込んだという。

名前はリュウにした。その頃好きだった漫画のキャラクターから取ったらしい。

私がきちんと育てるからねと、谷原さんは母犬を撫でながら約束した。

薄茶の母犬は鼻を鳴らし、お辞儀をするように頭を下げて、彼女の手を舐めた。

「その後すぐ、他の子も貰い手が見つかったみたいでした」

祖父母の家には母犬と、仔犬一匹だけが残ったそうである。

産まれて一ヶ月ほどの子供を、急に全部取り上げてしまうのも可哀相だなと思っていたので、それはそれでよかった、と谷原さんは思った。


リュウは元気な仔犬だった。

フードは何でも選り好みせず食べるし、散歩に連れ出せばどこまでも、楽しそうに走る。調子に乗って延々遊ばせていると、突然限界が来て動かなくなったりしたので、彼女はヒヤッとすると同時に「無茶をしないように飼い主がセーブする」ことの必要性も学んだ。

このように、谷原さんとリュウの生活は概ね好調な滑り出しであったのだが――。

ただひとつだけ、どうすればいいのかわからない問題があった。

夜鳴きが酷いのである。


――アオオォーー……、キャオオォォーーン……。キャウオォォーーン……。

玄関先の犬小屋で、リュウが鳴く。

時刻は午後九時を回っている。

いくら一戸建てとはいえ、遅い時間に屋外で鳴かれては近所迷惑になってしまう。

「……もおー、駄目だよ静かにしてってば。散歩は二回も行ったじゃないの」

「アオォ……、キュォオオン……」

小屋に腕を突っ込み、頭を撫でてやっても中々収まらない。

どこかが痛いとか、身体の具合が悪いといった様子でもない。

――寂しいのだろうか。

しかし、家の中には入れられなかった。外飼いにする約束なのだ。

「あんまりそうやって鳴くと、叱られるから。お願い、夜は静かにしてて」

「キャオ……、キャオオオォン……。キュオォォォォオ……」

「お願いだから、リュウ……」


譲り受けて来てから、ほぼ鳴かない夜はなかった。

始めは一週間もすれば止むだろうと思っていたのだが、二週間経っても、一ヶ月経っても、一向に収まる気配がない。

やがてとうとう、隣家から苦情が来てしまった。

家の中で寝かせてやってはどうか、と提案してみたものの、それだけは嫌だとお母さんに反対された。お父さんも、「どうしても直らなかったら、山に返しに行くしかないな」と首を振る。

……嗚呼、そんな。

谷原さんはスーッと視界が暗くなるようなショックを受けた。

どうしよう。どうやって躾ければいいんだろう。

折角仲良くなれたのに、うちの犬になってくれたのに、お別れしたくない――。


――アァオォオオ……、アオォォオオン……。キャオォォ……。


午後十時。

今夜も小屋の中で断続的に、リュウが鳴いている。

相談した友人に「鳴いたら撫でてもらえる、と思うから鳴くんじゃない？　ほっといてみたら？」と言われたので、谷原さんは二階の自室で、祈るような思いで耐えていた。

しかしたぶん、今週いっぱいが限界だ。

両親の様子を見る限り、次の日曜日には、祖父母の家に戻されてしまう気がする。

リュウ、鳴かないで。お願いだから。

もう鳴かないで――。

「…………」

やがて、「ワン」と一度だけリュウが鳴いた。

そして突然フッ、と静かになった。

あとは遠くの車の音や、階下のテレビの音などが小さく聞こえるばかり。

諦めてくれたのかなと思い、谷原さんはそっと窓から犬小屋を見下ろしてみる。

するとそこに、一頭の薄茶色をした成犬がいる。

「えっ……」

見間違いかと思ったが、特徴的な固太りの体形と緑の首輪で確信した。

祖父母の犬。リュウの母親だ。

「メリー？　どうして……？」

谷原さんは混乱し、一瞬、祖父母が仔犬を引き取りに来たのかと思った。

が、家の前に祖父の車などは停まっていない。犬だけがいる。

母犬は小屋の前で行儀よく座り、顔だけ出したリュウを見下ろしている。

リュウはシュンとして、静かにうつ伏せになっている。

――まるで叱られているようだ、と谷原さんは思った。

その様子をどことなく近寄りがたい思いで見つめていた彼女だが、ほどなくハッとして、慌てて屋外に飛び出した。

するともう、母犬の姿はなかった。

リュウは潤んだ目で谷原さんを見上げ、静かに小屋の中へ隠れた。

「……メリーが来てた、ってすぐ両親に言ったんですけど、そんな訳ないって言われて。確かに母の実家は、車で三十分もかかりますし――そもそもメリーはウチの場所なんて知る筈もないので」

よく似た迷い犬だったのだろうか。

不可解な思いを抱えたまま、谷原さんは床についた。

メリーが死んでいたことを知ったのは、それから数日が経ってからである。

「車に撥ねられた、って聞きました。山の中の村だから、祖父は散歩をさせる代わりにリードを外して、毎日放してやってたんです。そしたら、街から来たダンプカーか何かに……」

一匹だけ残されていた仔犬は無事であったというが、やはりいくら田舎とはいえ、犬を放すのは不幸しか招かない。

「それ以来、祖父も悔やんで、そういうことはしなくなったみたいですけど……」

しかし、ではやはり、あの夜の犬はメリーだったのだろうか。

亡くなった人が会いに来るという話は聞くが、犬もまた、気がかりがあると同様のことをするのだろうか。

「……私は、きっとそうだったんだろうなって思ってます。リュウはそれから、一切夜鳴きをしなくなりましたし。この家の人を困らせちゃ駄目よって、しつけてくれたんだなって」

谷原さんは、リュウの写真を見せてくれた。

彼女の足元できちんとお座りをし、小首を傾げる黒い犬は、とても賢そうだった。

十三歳でその天寿を全うするまで、リュウが彼女を困らせたようなことは、以後、一度たりとも無かったという。

山電話

　大谷君の、学生時代の後輩が体験した話である。

「塚田、っていう剽軽《ひょうけい》なヤツなんですが。大学に入ってすぐの頃に——まぁ例によって、よくわかんない心霊スポットみたいなところへ行こうとしたらしいんですよ」

　その夜集まったのは、それぞれ出身地も違う、知り合ったばかりの大学一年生四人。男性三名に女性一名。

　互いのことはまだ、名字と学部くらいしか知らない。

「塚田が運転する車で、ちょっと遠くのほうのトンネルに。……戦争前に掘られたから、作業中に何人も生き埋めになってるとか、そういう古い話があって」

　勿論、その真偽のほども不明。

　日本中どこの県にでもありそうな「曰く」である。

　だが塚田君にとって、それが本当かデマかという点はさほど問題ではなかった。

「要は、一緒にワーッと遊んで仲良くなれれば、どこでも良かったんでしょう。そういうヤツなんです、アイツ」

いわば親睦会のつもりであったようだ。

ノリと勢いで適当な連中に声をかけ、実際に遊んでみて、その中から気の合う仲間を見つけるというのが、塚田君の得意とする「友達作りのテクニック」だったらしい。

※

人を誘うくらいなので、彼はそういったスポットの探検が趣味でもある。

そしてほとんどの場合「何もいねえじゃねえか！」と悪態をついて笑い、帰ってくる。

稀に真っ暗闇の奥から足音がしたり、男だか女だかもわからない、小さな囁きが聞こえたりもするというが――それでも「写真にでも映らなきゃ信じてもらえないんだよ！」と喚いて、結局は笑い話のようにしてしまう。

怖かった、嫌だった、行くんじゃなかった、という感想で終わる訳にはいかないからだ。

スポットはあくまでも彼の「ネタ」として使われるに過ぎない。

予想外の事件が起きてたとしても、全部ひっくるめて「楽しかった事」として記憶してもらえるよう、彼は彼なりに努力していたようである。


さて、その夜は——。

免許を取ってまだ間もない塚田君の運転で、一行は目的地に向かった。

車は大学入学祝いとして祖父に買ってもらった、中古のセダン。

「……あっれぇ、このナビ壊れてるのかぁ？　さっき交差点なんてあった？」

「いやぁ……、気づかなかったけど。戻ってみる？」

「うーんでも、Uターンできる場所なんてないんじゃ……」

「………」

まだぎこちない関係の四人は、見知らぬ山の中で迷子になった。

カーナビのとおりに進めば着く、という考え方は間違いではないが、少なくとも、脇道を見過ごしたり距離感を誤ったりしなければ、の話である。

周囲は真っ暗闇。

道は林道で、左右を深い森に囲まれている。

男三人にはまだ余裕もあったが、紅一点で連れて来られた須崎さんは、見るからに不安そうだった。

「……ごめん私、ちょっと車酔いしちゃったかもしれない」

「あちゃぁ、マジで……？　須崎さん、乗り物弱いタイプ？」

「いや、俺も若干気持ち悪い。塚田君の運転、ちょっと荒いよ……」

「確かに……」

「え、えぇぇ～～？」

絶え間なく蛇行する道をこのまま進むのは厳しい、という話になった。

少し休憩がしたい、と三人は言う。

「ちぇっ、しょうがないなぁ。……あの辺の、少し広くなってるところに停めるわ」

折よく待避所のような場所があったのだろう。

塚田君は小石を跳ね飛ばしながらハンドルを切り、そこに停車した。


彼らは車中で、しばらく雑談などをしていたようである。

するとそのうち、口数が減っていた須崎さんが突然、

「あぁ、ここ天狗がいるね」

と呟いた。

男三人は一瞬、口をつぐんだ。

「……は？　なに、テング？」

塚田君は彼女の顔を見て訊ねる。

須崎さんはキョトンとしている。

「……なに？」

「いや、テングがどうしたの。なんか見たの？」

「えっ。何のこと？」

いやいやいや、と思わず大声が出た。

君が今、天狗がいるって言ったんじゃないか。

「……やめてよ、言ってないし。何の話してるの？」

とぼけている様子でもなく、須崎さんは本気で気味悪そうに眉を顰《ひそ》める。

気味が悪いのは男三人のほうである。

聞き間違いなどではなかった。確かに彼女の声で——。

「えーっと、俺、ちょっと小便してくるわ……」

塚田君は車を降りた。

外の空気が吸いたくなったのだ。

横の茂みに数歩入り、一応ズボンのチャックを下ろす。

何気なくスマホを取り出して画面を見る――パッ、と眩《まばゆ》い待ち受け画面が輝いた、次の瞬間。〈バシンッ！〉とスマホが飛んだ。

「うわッ！」

何かに画面を叩かれた。

草むらの中に落ちたそれは、バックライトも消え、暗闇に紛れてしまっている。

壊れたのかも知れない。

「やべやべやべやべやべ……」

彼は慌てて車に飛び乗ったが、このまま逃げ出す訳にもいかない。

スマホは拾わなければならない。

どうした、何があったと訊ねる同乗者らに、彼はしばらく考えてから、

「……手が滑って、スマホ落としちゃった。ハハハ、ごめん、照らしてもらえる？」

と頼んだ。

――スマホ自体はすぐに見つかったが、壊れてしまっていた。

電源を押してもライトが点かず、再起動もできない。

「どう、壊れてる？　画面は割れてないみたいだけど」

「いや、平気平気。ちょっと、充電が切れたのかもしんない……」

やっぱりもう、今日は帰ろうか、と塚田君は言った。

その場でどうにかUターンをしての、帰り道。

行きとは打って変わり、軽口も減った車内。

そろそろ山から出られそうだという辺りで、ふいに〈ドン……、ドン……、ドン……〉という太鼓の音が、小さく聞こえ始める。

初めは外からだと思ったが、塚田君はすぐに自分のズボンのポケットが振動していることに気づき、壊れたスマホを取り出した。

「……これ、鳴ってる？　ごめん、ちょっと見てみて」

同乗者にそれを渡し、確認してもらう。

確かに鳴っている。

大太鼓のような、低い着信音。

「……俺、そんなメロディにしてないんだけど。ちぇっ、ホントに壊れたのかなぁ」

「多分、壊れてると思う……。画面、真っ暗だもん」

須崎さんが怯えた様子の声で答えた。

すると。

〈おおおおぉぉぉ〜〜……？　おおおおぉぉぉ〜〜……？〉

と、浪曲のような節回しの低い男の声が、スマホからした。

車内は凍り付いた。

※

塚田君は今も、そのスマホを大切に持っているという。

「――で、実は俺も、塚田に聞かされたことがあるんです。その着信音」

先輩見てください、これですよこれ、と、彼は満面の笑みでスマホを突き出したらしい。

大谷君がおそるおそる耳を近づけてみれば、微かながらも確かに、ドン……、ドン……、ドン……、と太鼓に似た音がしていた。

そのまましばらく待ってみたが、男の声のほうは聞こえなかった。

「太鼓は、何日かに一回鳴るそうなんですが。日が経つにつれて、それも段々小さくなっていってるとかで」

鳴らなくなる前に先輩に聞かせられてよかった、と喜ぶ塚田君は誇らしげであった。
その様子を見て以来、大谷君は彼のことが少々薄気味悪くなり、やや疎遠である。
一緒にドライブに行った三人ともそれきりで、友人にはなれなかったという。

ユーチューバー

谷さんが有休をとって、最近の趣味に出かけたのは昨夏のことだ。

「トレッキング――山歩きだな。暫《しばら》く引き篭もってたせいで」

つい我慢しきれなくなった彼は、山を目指して車を走らせた。

秩父でも高尾でもなく、もっと人のいない不人気スポットだ。

「一応、感染を気にしてたから。近くもなかったんだよ。ドライブがてら、遠くまで足を延ばして。ほんと、何てことない山だったんだ」

さして深くもない山の中。

彼の見込んだ通り、登山客もいなかった。

「犬の散歩してる地元の爺とか、せいぜいそれくらい。暫く歩いたらそれもいなくなって」

静かになった。

まだ家々のトタン屋根も見えるのに、しんと静まり返った妙な静けさが痛いほどだ。

これはまた絶妙なスポットを見付けてしまったかも知れないと彼は思ったが。

「遠いから。二度と来ないよなと思って、その場限り楽しむつもりだった」

木々の緑。日陰の涼しさ。ストイックな登山とも異なり、谷さんにとってトレッキングは偶発的な出会いだ。天候か曜日かシーズンか。気に入って二度訪れたものの、同じ体験ができなかったことはそれまでも両手に余る。それほど一期一会なのだから、この異様な静けさをも堪能しようとしたわけだ。

鳥の声も消え、歩けば歩くほど静けさは増していった。

そのときだ。

突然、キツネのような声がワッと幾重にも聞こえた。

嬌声である。それは山道の左右の、こんもりと盛り上がった土手を越えて飛び込んできた。

「急になんだよって。うるせえなぁって」

大型の鳥か、野生生物かと思った。

それほど素っ頓狂な声で始まり、次から次へ、やいのやいのと騒ぎ立てるそれは――男数名の声。

一瞬驚いた彼は思わず不機嫌になって、声のする方へ土手を登り始めた。

「文句言ってやろうとまでは思わなかったよ。ただこんな山の中でいきなり騒ぐ馬鹿はどんな奴らだろうと思って」

覗いた。

背の高い針葉樹に囲まれた窪地である。

そこには、男が五人いた。五人とも手にはスマホらしき、黒い板状のものを持って、四人が一人を囲んでいる。

「『ああ、ユーチューバーだ』ってすぐにわかった」

何がそんなに楽しいのか、喋っていることは一言も聞き取れなかったが、一見したところとにかくはしゃいでいた。

それもどこか大袈裟で芝居がかっているというか、空々しくわざとらしい感じ。

「『はしゃいでんなぁ』って。収録中なんだろうけどさ。気付かなかったけどたぶん何か、キューがあったんだろ。おれは『ああ、運が悪かった』って思った」

それがユーチューバーなのか生主《なまぬし》なのかインスタグラマーか、はたまた別の何かだったのかはわからない。単に彼が、山歩き中に突然所構わず撮影を始める連中を見ると「ユーチューバーだ」と思うことにしていただけだ。

ほんの少し彼らの騒ぎを見ていたが、たった一言すら聞き取れない。日本語ではなかったのかも知れないが。

谷さんはそれを見るともなしに見て、踵を返そうとした。

頼むからここで撮影を続けて欲しい、山の上で遭いたくないと思いながらだ。

そのとき、彼らが谷さんに気付いた。

中心の一人が谷さんを見て、こちらに背を向けていた四人が一斉に振り向く。

「ヒヤッとした。五人が五人とも、まったく同じ顔してたんだもの」

五つ子——だろうか。

それは単に似ているとか、そういうレベルではなかった。

張り付いた前髪、どこか力の抜けた表情、悪い顔色、のっぺりとした目鼻立ち——すべてが、完全に同じ顔だったのだ。

五つ子もあり得ないことではないが、だとすれば大変に珍しい。全員が演者になっていそうなものだが、四人がスタッフのように一人を囲んでいた形だ。

谷さんはなぜか見てはいけないものを見てしまったような気がして、登ってきた斜面を慌てて滑り降りた。

何だったんだろう、と彼は首を傾げつつ、トレッキングを再開することにした。

しばらく登っていると、背後からまたあの嬌声がぶつかってきて彼は飛び上がった。

思わず振り返るとものの数メートルの距離で、さっきの五人が車座になってお互いを撮影している。

おかしいな、と彼は咄嗟に思う。別段後ろに注意していたわけではなかったにせよ、この距離でついてきたのなら気づくはずだ。

それに彼らのほうも、この距離まで全く言葉を交わさずについてきて、突然揃って大声を上げたのだろうか？

不自然であった。

谷さんはまた進み始める。心なしか速足で。

彼はとにかく後ろを振り返らないことにした。

だがそのはしゃぎ声は離れることなく、彼の背後をぴったりと尾《つ》けてくるようだ。相変わらず何をはしゃいでいるのかは全く聞き取れない。

(勘弁してくれ。そこで撮影してろ)

メインの登山道はなだらかに続き、先で山体を回り込むように左へカーブしている。それとは別に左の斜面に垂れかけたロープを見て、彼は斜面を突っ切るショートカットがあると気付いた。尾根を登るルートだ。

そこで登山道を逸れ、尾根に沿う斜面を登るルートに変更した。

こちらはずっと険しい。登山の心得のある彼には登れるが、少なくともあのユーチューバーたちはついてこられないだろう。

斜面を登り始めると案の定、背後の声は遠くなった。

(うんざりする。何なんだよ)

ところどころ、上から垂れたロープを掴んで登ってゆく。大勢であの軽装、しかも片手にスマホではこのルートは厳しい。

しばらく進み、もうすぐ斜面を登りきるところまできた。この先は山頂か、はたまたメインの登山道へ合流するだろうか。

ところが――。

その先はまた窪地であった。

そこに、先程の五人がいた。一人を囲んで四人が撮影している。五人とも同じ顔だ。ロケーションまでよく似ている。

谷さんは絶句した。先回りなどあり得ないからだ。

見渡すも、周囲を急斜面と木々に囲まれ、この窪地に容易に入れるルートはない。

加えて、振り返れば二つのことがわかる――登ってきた傾斜は非常な急斜面で、慌てて滑り降りられるようなものではない。先回りなど不可能だし、逃げ道としては危険だ。

足の急く膝を押さえて、彼は窪地へ向き直った。そして、五人を刺激しないように窪地を突っ切り、彼らの向こうの斜面を目指す。

息が切れていた。脂汗が浮く。

窪地をまっすぐ横切るとき、五人に最も近づいた距離はおおよそ四メートルほど。

(どうかこっちを気にしませんように)

五人が、揃ってこちらを見ているのがわかった。

そこを通り過ぎて、谷さんはほとんど走るようにして斜面へ飛びつき、更に登ってゆく。

振り向くと五人はこちらへ向けて歩きだしていた。

「何のつもりか知らない。正直『ヒヤーッ』って声が出て、おれももう恥も外聞もない。必死に走った」

はっきりとした身の危険を感じていた。

それも粗暴犯や、柄の悪い連中に対するものとは違う、もっとぼんやりとした危険だという。

「どうにか斜面を、がむしゃらに登って――」

窪地を囲む斜面のうち、そこを選んだのは彼の勘だった。

果たして、彼の勘は良い方向に働いただろうか？

彼は下草を掴んで斜面を駆け登った。

ようやくの思いで上に出ると、そこはなだらかな下り斜面。更に下に登山道が見えた。しめたと思い、彼は足を踏み出す。

だが、そこに思いがけず落差があった。

ちょっとした崖である。彼はそこへ転がり込むように落ち、アッと声を上げる間もなく地面に転がっていた。

上を見上げると落差はおよそ、二、三メートル。これくらいの高さでも大怪我につながることはある。彼の場合は、落下中に斜面に足をついたせいで足首を捻っていた。大怪我は免れた。幸い、登山道も近い。

彼は立ち上がりながら状況を整理しつつ、幸運に感謝し、不運を呪った。

痛む足を庇い、崖の上を見ながら後退する。

——追ってきやしないか。

崖の上から、同時に顔が覗いた。

鈴なりに並んだその頭は、五つ。どれも全く同じ顔で、全く同じ無表情でこちらを見下ろしていた。

「や、やめろ！　か、帰る！　もう帰るとこだから！」

もう帰るから何なのか。谷さんの発言の意図は自分でもわからなかった。

崖の上の五人は、スマホを構えていた。皆同じ、妙な模様のついたスマホケースを着けている。

「やめろ！　撮るな！　撮るんじゃねえ！」

黒い板に——文字。梵語のように見えた。それを揃ってこちらへ向けてくる。

谷さんは姿勢を下げ、片手を上へ向けて振りまわし、片手で足首を庇いながら後退する。

五人は動かなかった。

彼はどうにか登山道まで戻ることができた。

「まぁ怪我までして大変だったけど、こうして帰ってこられたよ」

多かれ少なかれ山に関わるものなら、山中異界ということは身に染みている。言葉は知らないまでも、そういうことがあるということは知っているものだ。ただまさか、自分があんな小さな山でそれに遭うとはほんの少しも思わなかった。

「それはたぶん山の神様だね」というのが山の仲間の見解だ。

谷さんは「山の神様って女なんじゃないか」と思ったが、色々いるんだろうと思って特に反論はしなかった。

再び彼は、自宅マンションで引き篭もり生活に戻っていた。

仕事はリモート。出社は週一で、それも数週間おきになった。

通勤というやつをやめると、これが存外、運動不足に直結する。体がなまらないよう、彼は夜間にランニングを始めた。足首ももう完治していた。

ランニングコースを一周して、帰路に就く。

あと数十メートルで自宅マンションというところだった。

夜道の奥から、はしゃぐ声が聞こえてきた。

（ユーチューバーだ。クソが）

飲み屋が早く閉まってしまうから、路上で酒を呑んでいる連中の可能性もあった。しかし彼は、即座にユーチューバーだと断定した。

なぜかは自分でもすぐにはわからなかった。だが走りながらその理由に気付いて、彼は戦慄する。

その声に、聞き覚えがあったからだ。

数は五人。囲み方からして撮影中だ。

厭な予感がした。どこかで見た光景だ。しかし以前はずっと遠くだ。それこそ山中異界なのではなかったか。

彼らの横を通り過ぎるとき、顔を見た。

全員、同じ顔をしていた。


「一週間くらいして、マンションの掲示板に張り紙がしてたんだ。『エントランスで騒ぎながら撮影をしている人たちがいます』ってね」

たまたま別の階のカップルがその掲示を見て、「ユーチューバーかよ」と苦笑しているところに谷さんは出くわした。

また別の日、ポストに次々と黒い木の札が入れられるという悪戯《いたずら》が発生した。

勿論それは谷さんのポストにも投げ込まれており、それを見て彼はまた戦慄した。

あのユーチューバーが持っていたスマホ――あれはスマホなどではなかった。この、黒い木札なのだ。

「何なんだ。ああいうのは、山の中で出会うものじゃないのか。どうしたらいい？　家まででバレてる」

赤いバスタブ

曽合君は大学中退以降、アルバイトを転々として暮らしている。

「親に愛想尽かされたんで、もう実家にも帰れませんし。どうにかこうにかその日暮らしでやってます」

幸い、インターネットさえあれば貧しさは苦にならないという。

衣も食も住も、最低限のもので良い。

「……まあそのうち、どこか正社員にしてもらえそうなところが見つかったら、キチンとしたいとは思ってますけど。多分無理でしょうね、今の世の中じゃ」

厭世的に笑い、彼は肩をすくめる。

今住んでいるのは築三十年になるワンルームマンションの四階で、家賃は三万円。

かなり安い。

「隣の部屋は、五万円らしいですよ——ええ、つまりそういうことです」

彼が夜勤を終え、重い足を引き摺って帰宅すると、風呂場から音がする。

ドドドドドドド、と浴槽に湯がたまる音である。

ハァーッ、と嘆息してから上着を脱ぎ、風呂場の電気を点け、ドアを開けた瞬間にその水音は止む。

——無音。

湯気も立っておらず、当然ながら人の気配などもない。

ただ、パッ、と視線を送ったバスタブの中が、真っ赤な色に染まって見える。

「…………」

それは数回瞬きをすれば消える。

わざわざ覗き込むまでもない、カラリと乾いた浴槽。

彼が出かける前と何ひとつ違いはない。


午後、カーテンを閉め切った薄暗い室内。

毛布にくるまって寝ていた曽合君は、ジュッ、ジュッ、ジュッ、と果物を絞るような音で目を覚ます。

瞼は開けない。

余計なものが見えるからだ。

——しかし、そのまま放って横になっていると、今度はしわがれた呻き声が始まってしまう。数分以内に身体を起こし、室内を見渡したりせず、速やかにカーテンを開けなければならない。

初めの頃はそうと知らず、この音は一体どこから聞こえるのだろうと、四つん這いになって耳を澄ませたりしていた。

ふっ、と衣装ケースの陰から覗く目と視線が合ったのは、そんな時である。

フローリングの床に、女の頭の上半分だけが置いてあり、それが彼を見ていた。

その目は黒目がどこだかわからないほど充血していた。


昼夜逆転の生活に馴染めないせいか、彼の食事の時間は定まらない。

もうながらくの間、腹が減った時に食う、というような状態である。

スマホをいじりながら、八十円で買ってきたカップ麺を啜っていると、出し抜けに思い鉄のドアが〈ガンガンガンガンガンガンッ！〉と殴りつけられる。

こればっかりは毎回、ギクッと飛び上がってしまう。

慣れない。食べ物をこぼしてしまうこともある。

驚いたあとは当然腹が立ち、外廊下へ飛び出したりもするのだが、それで犯人を見つけられたということは一度もない。

珍しく誰かと電話をしたりすると、その通話音声に、苦しそうな呼吸音が混じる。

話が長引けば長引くほど、それの音量も上がっていく。

〈ゲエエエ……、ゲエエエ……、ゴフッ、ガフ、ゲ、ゲエエエ……、ゲエエエ……〉

相手は不気味がり、ほどなく通話を切られる。

向こうにも聞こえているのだ。


「――まあ、この辺まではまだ、我慢できますよ。我慢できるようになってくるんです、住んでるとね」

ただ――どうしても不安に感じてしまう要素というのもある。

このままではマズいかも知れない、あと数万円高くなっても、引っ越したほうがいいのだろうかと考える瞬間。

それは、たとえば休みの日の明け方――。

生暖かい風が下から顔を撫で上げ、ハッ、と彼は正気に戻る。

薄汚れた灰色のビル群が、薄明の中で亡霊のように並んでいる。

曽合君はいつの間にか、自分がベランダに立っているのを知る。

寝ぼけたのだろうか。

いや、横になった記憶はない。

安い缶コーヒーを飲みながら、スマホで漫画を読んでいた筈だ。

一体いつの間に立ち上がり、窓を開け、外に出たのか。

まさか自分は、ここから、飛び降りるつもりだったのか――。

足の裏は土ぼこりでザラザラして、髪の毛も口の中も埃っぽい。

シャワーでも浴びようと浴室へ行くと――また、バスタブが真っ赤に染まっている。


できるだけ早く引っ越したほうが良いと忠告したが、それなら引っ越し代を都合してくれと言われた。半端な善意はいらないんですよ、と。

なるほど、そうかも知れない。

こちらが言えることはなくなり、彼も口をつぐんだので、取材は終わった。

夜釣り

「なんか、異様に疲れてたんだよね」

田淵さんは疲れていた。それは間違いないようだ。

しかし原因となるとまるで心当たりがない。激務か、重圧か、いずれも当てはまらない。

「疲れるって言ってもあれだよ、そんなに残業してるわけでもないし……医者にはストレスかって言われたけど、それもピンと来ないな。仕事もプライベートもまぁまぁ順調で。なんで疲れてるのかもよくわかんなくって」

いつから？　と聞かれても答えられない。原因に心当たりもなければ、最近急に疲れたようにも、ずっとそうだったようにも思った。

病院でも特に異常は見られなかった。もっともストレスは見えないから怖いとも言える。

「気晴らししなきゃと、はっきり思ったわけでもないんだけど、ある晩突然――」

彼は急に思い立って、半ば発作的に趣味の道具をまとめ始めた。

それを担いで、車のトランクに放り込んだのだという。

まさに発作的だった。

「深夜だったよ。時計は見てないけど、たぶん十二時はとっくに回ってた。これもさ、なんで疲れてるのかわかんないのと同じで、急に思いついて」

トランクに荷物を放り込んでいると、それに気づいたお隣さんが声をかけてきた。

「夜釣りですかあ。いいですねえ」

何と返したか田淵さんは覚えていないが、おそらくは「そうなんですよ」とか当たり障りのない返事をしたように思う。

「逗子ですか？　黒鯛ですよねぇ。キスもいい。でもメバルはもう遅いかなあ」

よっぽど好きなのか、お隣さんはそううっとりと話す。

そう、逗子だ。

しかし実のところ田淵さんは夜釣りなどしたことがないので、何も気の利いた返事はできなかった。

お隣さんは一方的に何かを喋っていたが、田淵さんは「お願いだから黙って欲しい」と考えていた。

逃げるように彼は車に飛び乗ろうとした。

ドアを開け、勢いよく体を滑り込ませるその瞬間だ。

彼は異変に気付いた。


「そこに〝そいつ〟が入ってきたんだ。俺が乗り込んだとき、一緒にね」

何かが、乗り込もうとしていた彼の脇の下をスッと通り抜けて、車に這入《はい》り込んだ。

「真っ黒い、ボヤッとしたやつ」

〝そいつ〟は、同じ運転席側のドアから田淵さんの脇を抜け、ごく当たり前のように車内に侵入し、助手席に座った。

なぜか――田淵さんは、驚くでもなく、それを受け入れた。

彼もごく当たり前のこととして運転席に座り、セルを回したのだ。

「どういう心境だったのか、自分でもわかんないんだよ。一番近いのは、『どうでもいい』っていうか――」

彼には気にするだけの余裕がなかったと言った方が正解だったかも知れない。

相手にしたくない。驚いたり、騒いだりして心をざわつかせたくない――そうしたバイアスがあったものか、彼は淡々としていた。

ともかく彼は車を走らせた。

助手席に座った黒いもやは、ずっと黙ってふわふわとしつつ、それでも人型を留めていた。

もやとしか表現しようのないものだった。ただ、空気との界面に薄く、見たこともない配色の虹のような妙な空間がある。

どういうわけかドライブレコーダーが『ビギャー』というとんでもない音を立てて動かなくなってしまった。

それでも田淵さんは慌てたり、苛立ったりはしなかった。それより彼はＥＴＣがずっと気がかりで、高速には乗らずに下道を走った。


「無口な奴だったよ。だから気にしなかった。俺はずっと黙って車を走らせて――」


人間とは違い、喋ったりコンビニに寄りたいなどとは言わない。

海岸に着いた。

目的の海岸とは違っていた。そもそも彼には目的の海岸などなく、何となく見かけた夜の真っ暗な海を見て、「ここでいいや」と思ったのだそうだ。

何が釣れるかなど勿論知らない。

「おい、着いたぞ。降りろよ」

助手席の人影にそう告げると、人影は降りていった。

続いて田淵さんは車を降り、トランクを開けた。

そして——閉口した。


「釣り道具なんてなかったんだよ。古いミシンと、バケツと、ロープ、ボーリングのマイボール。まぁ全部うちにあったものだけど、釣り道具は一つもなかった」


しかし田淵さんは、これも受け入れた。

そもそも夜釣りなどと誰が言い出したのか。確かに釣りは彼の趣味のひとつだったが、今日夜釣りをしたいなどと彼は考えもしなかったのである。

だから、釣り道具を持っていないことなど大した問題ではなかった。

バケツにロープを入れ、ボーリングの球を入れたバッグと古いミシンを持って海岸へ向かった。

海岸では、あの黒い人影が待っていた。

まるで待ち合わせをしているようだった。

田淵さんは海沿いの町で育った。中学高校と何度そうして友達と待ち合わせたかなど数えきれない。

ただ、深夜早朝には一度もなかった。

あたりは真っ暗で何も見えない。しかしそれでもどういうわけか、不思議とその人影がいて、何かを訴えかけていることだけはわかった。

「何を言ってるのかまではわからなかったよ。でも俺は、無心だった。それまで通りに。運転しながら〝そいつ〟を無視してたのと同じに」

そうして田淵さんは作業に没頭していた。

真っ暗で、何をしているのかは自分でもわからなかった。

理解しがたいが、無意識の所作ならば例えば「電話しながら手元のメモ帳に無意識に絵を描いている感じ」に近いものであった。

やがて風や波の音が、人の声のように聞こえ始めたそうである。

「誰の声とかはわからないけど——懐かしい気がしたな。それで我に返った」

我に返るのと同時に、自分が最前まで没頭していた作業の全容を知る。

両足を、足首から膝まできつく縛り付けたロープ。

確かにそれをやったのは自分だ。思い出そうと思えば、チャーシューを作るようなその作業の感触をぼんやりと思い出すことができた。

そのチャーシューのロープの下を潜って、縛り付けられた別のロープがある。それは遠くまで伸びているようだった。

それを引っ張ると重めの手応えがあって、暗闇の中からガシャン、がらがら、と音が聞こえた。ミシンだ。先はミシンに繋がっている。

反対側も手探りで引っ張ると、こちらには更に重さがあった。彼は冷たい岩の上を這ってロープを辿る。がらがら、がらがらとミシンを引き摺る音がした。

ようやくたどり着いたそこには、重たいバッグがあった。ロープのもう片方はその持ち手に結び付けられている。ボーリングのマイボールを入れたバッグだ。

彼には、そんな作業をした記憶は一切ない。

「バケツ？　ああ、あったよ。バッグの傍にあって、なぜか中にヤドカリとかがいっぱい入ってた」

勿論、ヤドカリを獲ったのは彼ではない。

足を縛った記憶はある。自分でやった作業はそれだけであった。重りにロープを結び付けたり、なぜかヤドカリを捕まえたりしたのは、断じて自分ではないと話した。

真っ暗な海に臨む、岩場の上で起きたことだった。

「俺、何やってんだろう、って思った。そのときもう、〝あいつ〟も消えてたんだよ」

田淵さんは来たときと同様、何もわからず、何も望まず車を走らせて帰った。

それでも帰りは高速を使ったという。帰り着いたとき、周囲はとっくに明るくなっていた。

「それでようやく、もうひとつのことに気付いたんだよ。うちの隣の家、少し前から空き家なんだ。お隣さんなんかいなかった」

熱心に夜釣りについて語っていたお隣さんはいなかった。

ある意味で、彼があの晩海に向かったのはそのお隣さんの発言による部分が大きかったように思う。彼は夜釣りなど計画していしなかった。彼がトランクに入れた趣味の道具はボーリングのマイボールだったのだから。

いないはずの隣人に言われるまで、彼には夜釣りなどという発想は微塵もなかったし、逗子のことも知らなかった。

「——意味もわからないし、気まずい話だよ。こんなんでいいの？」

田淵さんはそう言いながら、急にオチの付け所を探したくなったようである。少し悩んだようなそぶりを見せて、彼はこう続けた。

「隣の家さ、引っ越す前、岸さんって人がいたんだ」

それに因んで、田淵さんはあの黒い人影には希死念慮さんと名前を付けた。

その晩以来、彼の謎の疲れはすっぱりと消えた。

「でもまた最近、妙に疲れるようになってさ。来るような気がするんだよ。希死念慮さんが」

仏壇を棄てる

「いやあ、なんなんだろうねぇ。ほんと困ったんだよ」

三浦さんが困っていたのは、彼の叔母のことだ。

長らくあまり付き合いのなかった彼にとって、少し変わったところのある親戚、くらいの認識であった。

「なんか変な宗教にハマったとか、そういう話も全然聞かなかったんだけど――」

ある日突然、その叔母が三浦さん夫婦の住む部屋まで、血相を変えて押し掛けた。

厭な予感がした彼は、妻に気取られぬよう団地の外廊下の奥まで押し戻し、そこで話を聞いた。

短い会話、しかも要領の得ない会話だった。

「『あんたこのまんまだと大変なことになるから』とか言うんだけど、こっちゃもういい迷惑だから早く帰って欲しい。ハイハイって言いながら、とにかく小声で喋るよう説得してたんだよ」

暫くそうしても、肝心の『大変なこと』の中身はわからなかった。病気か？　と聞くと「そうじゃない」。怪我でもない。なら失業かと訊ねても違うらしい。

「で、コレを置いてった。嫁さんに見つかると変に思われるから、必死で隠したよ」

彼が見せてくれたのは、小さな、古い仏壇であった。

写真では大きさははっきりしなかったが「テレビでいうと二十四型くらい」らしいから、そこそこ嵩張《かさば》る。

何宗のどういう謂われのものかと訊かれたが、部屋が薄暗かったせいか写真は手ブレしており、仏壇だということ以外は何もわからなかった。仮に細部まで写っていたとしてもわからなかっただろうが。

そんなに気になるのなら当の叔母に訊けとは提案したものの、三浦さんは腕組みをして唸るだけだった。よっぽど手に余る様子だ。

「押し入れの奥に隠してる。いい歳してさあ、ほんといい迷惑だよ。で、これどうしたらいいと思う？」

筆者はそう相談され、「僕なら川にでも棄てるね。夜中に、こっそり持ち出して」と答えた。

三浦さんは、何処のお寺に持ってゆくとか、そういう怪談屋らしいアドバイスを期待していたのだろうが、一度溜め息を吐いた後「そうか。まぁそれもアリだな」と呟いた。

その後、しばらく経ってから再び三浦さんに会ったとき、彼は酷くやつれていた。

聞けば、あの後少しして筆者よりマシな相談相手を紹介されたのだという。その初老の女性は所謂「詳しい人」であり、その仏壇がどういうものなのかを言い当てた。

その人物曰く「この仏壇には仏がいないから、空っぽなのよ。不要ならウチで引き取る」とのことだった。

料金を聞くと特段身構えるような金額でもなかったため、三浦さんは引き取りを依頼した。

正直気は進まなかったそうだが、収まりどころとしては妥当と判断したのだという。

ならばもう仏壇は片付いたのかと聞くと、三浦さんは暗澹と首を横に振る。「それがさぁ——」と。

三週間ほどした約束の日、その人物から「団地に着いた」と連絡を受けた。窓から団地の駐車場を見ると、ぞろぞろと車を降りてくる姿が見えた。随分大勢で来たものだと思った。

妻に外しておいてもらって正解だった、とホッとする。

その「詳しい人」は、男たちをぞろぞろと連れだって入ってきた。三浦さんはその女性に、挨拶をしつつも、ふとどことなく叔母の面影を感じ取り、苦手意識を持った。

彼は早速押し入れから仏壇を出してきた。

ところがいざ回収する段になって、その仏壇が重くて動かないのだという。三浦さんが持つと軽々と持てるのに、だ。

女性は、仏壇を持ち上げようと傾けたり開けたりしていたが、すぐに白い布で手を拭い、触りさえしなくなってしまった。

他に連れてきた男たちが手伝うのではないか、と三浦さんは見ていたのだが一緒に入ってきた筈の男たちの姿はいつの間にかかない。外で待機しているのだろうか。

「車まで運びますよ」

三浦さんはそう申し出たが、その人物は幾分蒼白になって、「出直します。練り直しましょう」と言ったのだそうだ。

「以前は確かに空だったのですが」

引き取り料も上がるという。

三浦さんは身構えた。騙されているのではないか、という漠然とした考えが急にはっきりとした形を持った。

そもそも彼女は今まで一度も実物を見ずに次々と由来を言ったが、それが正しいのか三浦さんにはわからない。

とりあえず後日連絡すると言い、その場はお引き取りを願った。

「だって変だよ。変だよねえ？　大体考えてみたら、男は五、六人いたんだよ。たった八千円の仕事で、あんな大勢連れてくるわけない」

変に思った彼は自室の窓から、帰ってゆくその女性を見ていたのだそうだ。すると一人乗り込んだ彼女は、なぜか誰も乗せずに車を出したのだという。


直後から、三浦さんは奇妙な夢に魘《うな》されるようになっていた。

日本ではないような、色のない荒野に彼は立っている。あたりは疎らに立ち枯れた木。でも彼はその木の種類、かつて緑の葉をつけていた時代のことをよく知っていた。

彼はその森でも砂漠でもあるような場所を歩き、真っ黒に焦げたレンガの散らばる場所に出た。

そこには一本、一際大きな木が生えており、御札のような白い紙がびっしりと貼り付けられていた。

彼はそのうちの一枚を手に取ると気づく。その御札は、髪の毛のようなものでびっしりと木に巻き付けられているのだ。

いつもそこで目が覚め、起きると体が痺れたようで言うことを効かない。

こう書くと短い夢のようだが、彼にとっては何時間も彷徨《さまよ》っていたような感覚だった。

変な夢を見るんだと奥さんに話すと、奥さんは驚いたような顔をした。

よく似た夢を、彼女も見るようになったのだという。

またある晩、先に魘され始めた奥さんの声で三浦さんは目覚めた。

魘されている奥さんを見て、起こそうか迷っていると、不意にガバリと奥さんが上体を起こす。

その眼は開いていた。

真っすぐに三浦さんを睨み、こう言った。

「私、知ってるんだからね」

何を、と訊く暇もなかった。

すぐに奥さんは再び倒れるように眠り、また魘され始めた。

『参ってるんだよ。例の、霊能者？　って人に電話したんだけど、なんか反応がイマイチで。見積もりも跳ね上がってるし。叔母さんは電話に出ない』

すっかりやつれた三浦さんがそう話してから、また少し経った。

後から聞いたところ、そのとき顔を合わせたことで彼は筆者のアドバイスのことを思い出したのだそうだ。

「そうだよ、最初からそうしときゃよかったんだ。あんたの言う通りに。忘れてたわけじゃないんだけど、いや、正直言って忘れてて」

奥さんの眠りは浅く、いつ目を覚ますかわからない。

そのため決行を躊躇《ためら》っていたのだが、一念発起して奥さんを実家に帰した。体調不良を理由にである。

おれは仕事があるから——そう言って一人自宅に残った彼は、夜中にレンタカーで乗り付け、仏壇を持ち出した。

なぜ夜中か。奥さんを実家に帰し、レンタカーまで借りた今、夜中にこっそり決行する意味はない。ただそれについては筆者の責任もある。『夜中にこっそり』と、そう言ったのは筆者だ。

三浦さんはレンタカーで川を目指した。

だがカーナビで地図を見ているうちに、少し遠くの郊外に沼があることに気付いた。ナビ通りに走れば川。ただしそこではまだ市街地だ。川に投棄するところを見られて通報でもされたら面倒なことになる。

少し車を停めて思案し、彼は計画を修正した。郊外の沼を目指す。そこなら目撃される心配も少ないだろう。

沼を目指して走っていると、景色は順調にさみしくなり、平屋の釣具屋や中古車屋ばかりになった。

それもなくなった頃、急に車が不調を来《きた》した。

急に、車体が重くなったような感じがしたのだ。エンジンの回転数がガクンと落ち、軽く前につんのめったようになる。メリメリとタイヤが地面を掴む感覚さえ、ステアリング越しに変わったように感じられた。

タイヤが何かを巻き込んだ——のだろうか。

そう思った瞬間、ダッシュボードに並んだ液晶パネルが急に全点灯し、「あれっ」と思ううちに全消灯になる。

メーター類は消えたが、回転数が急減しているのは手に取るようにわかった。

「おい、嘘、嘘だ。やめてくれ」

彼は慌てて路肩に車を寄せ——エンジンは停止した。

急に車が、何倍も重くなったような感覚であったという。実際エンジンが停止してしまったのだから、その感覚は至極正しい。

再度セルを回してもかからない。

ナビはおろか時計すら動かない。

スマホで地図を出すと、沼のすぐ近くまで来ていることは確かだ。このまま路肩を突っ切ってゆけば遊歩道に入れそうだ。

整備を呼ぶにせよ、三浦さんはまず仏壇を棄てることに決めた。

トランクに入れた仏壇を出す。

仏壇を包んでいたはずの布が解けていた。

その時、初めて三浦さんはそれに言い知れぬ不気味さを感じた。

仏壇は仏具だ。彼は決して信心深くはなかったが、仏具を不気味に思う子供っぽさは実家の仏間に置いてきている。

彼はそれを抱えて懐中電灯を片手に、沼へ向かって小走りに歩き出した。

車道を外れるとすぐムッと湿度の上がる異様な暗さ。カエルかそれとも鳥か、叫び声のような鳴き声と共に藪がガサガサと大きく揺れる。

歩きながら彼は心なしか、本当に仏壇が重くなったような気がした。

前述のように、彼は仏具を怖いとは思わない。

だがこれは、仏具でも何でもない。中は空だ。位牌も何もない。扉のついたただの箱であり、そんなものになぜ自分は振り回されているのだろうか。叔母や、あの自称霊能者は、これに何を見たのだろう。

三浦さんは息を切らし、頭を振って余計な考えを追い払う。

沼に捨てる。

決して褒められたことではないとしても、彼には本望だ。こんな寂しい沼に沈んでしまえば、二度と浮き上がってくることもないだろうし、誰の目に触れることもない。それでスッキリ元通りになる。あの妙な悪夢はどうかわからない。きっと叔母やあの女に脅かされたストレスだろう。

ついに真っ黒な水面が見えてきた。

三浦さんは念のため周囲に明かりを向ける。

足元は土の遊歩道で、柵の向こうはすぐに沼。周囲には誰もいない。

彼は柵のすぐ近くまで寄ると懐中電灯を尻ポケットに差し、両手で仏壇を抱えて放り投げた。何の躊躇もない。

ザバーン、と派手な音がして水飛沫が飛んできた。同時に辺りのカエルなどが一斉に飛ぶ音がした。

三浦さんは懐中電灯で水面を照らし、絶句した。

仏壇は――沈むことなく浮いていたのだ。なんてこった、と彼は思った。

誰にも見つからないよう、沼に沈めるはずだった。それでスッキリするのだと。彼は当初から、なぜか第三者に目撃されることを忌避していた。筆者に見せた写真も、おそらく無意識に見えにくいものを選んでいた。

だが考えてみれば仏壇は木の箱だ。水に浮く。

誰にも見られたくなかった。自分のやったこととはバレないだろうが、そういう問題ではない。自分のやったことが、その事実が明るみにでるのが、厭だった。

彼はおそらく、意識のどこかでそれをちゃんと理解していた。だから彼は川でなく沼を選んだ。通報されるのは勿論困るがむしろ、朝になって自分が捨てた仏壇が街中の川に浮いているのを誰かに見られることが耐えられなかった。罪悪感――ではない、もっと別の禁忌に近いものだ。

「くそ。あの野郎、いい加減なこと言いやがって」

川だろうと沼だろうと、水に捨てた仏壇は浮かんでしまう。

山でも叢《くさむら》でも、他にどこでもよかったはずなのに。だからそれは勿論、筆者に向けた呪詛だった。彼は本当に、筆者のアドバイスに従ったことを後悔した。

三浦さんは、遊歩道を照らして石を捜した。手ごろな石を掴んで、柵に登って投げる。仏壇を狙ってだ。

だが石は仏壇を逸れる。彼がそれを繰り返すうち、起きた小さな波がどんどんと仏壇を手前に引き寄せてしまう。

「くそ！　沈め！　こっちへ来るな！」

諦めるか、それともいっそ一度回収して、中に重りを詰めれば。

そう考えたときだった。

懐中電灯の光の中、浮かんだその仏壇の周辺の水中から――突然沢山の腕が伸び出た。

彼は息を呑む。

腕は、およそ十本。五人分かそれくらい。

一瞬のことだった。

腕のうち何本かは水面の仏壇をしっかりと掴み、水の中へ引き入れた。

ざぶん、と。

三浦さんは思わず柵から落ちて尻もちをついていた。

後には、水泡ひとつ上がってこなかったという。


「帰りにはまるで何事もなかったように車も動いたよ。いやあ、助かった」

後日、叔母を問い詰めた三浦さんだったが、叔母は仏壇のことなど何も知らんと語った。

「あの人のことだからしらばっくれてるだけなんだと思うけどさ」

仏壇を遺棄して以来、あの悪夢もすっぱりと消えた。それは実家に帰っていた奥さんにしてもそうだったという。

あれが何だったのか、霊能者についてきた男たちはどこに行ったのか、あの夢がなんだったのか、もう何もわからない。

「こっそり棄てたなんて絶対誰にも話したくなかったけど、まあ、一応相談に乗ってもらったし」

なぜ彼があの仏壇を他人に見せたくなかったのか、その理由もわからない。

確かなことは、三浦さんが無事であったことだ。

「身内のこともあるしさ、変な風には書くなよ」

彼は少しこちらを睨み、そう念を押した。

幽霊コーチ

坂東さんは中学生の頃、バレー部に所属していた。

「一年生の時に、もう身長が一六〇センチは越えてて。なんか周りも当たり前みたいに、ヤエちゃんはバレーかバスケだよねって言うもんだから」

特に強い夢を抱いた訳でもなく入部した。

だが、それなりに打ち込んでいれば面白くもなってくる。

「レギュラーになって、全国大会に出る頃には、もう完全に本気でした。プロになるのは無理でも、バレーは一生続けようと思ってましたよ」

そんな彼女の中学当時の思い出と言えば、やはり大会関連のものがほとんどだが、一度だけ何とも形容しがたい思いをした覚えがあるという。

ある夏の、練習中のことである。

戦力強化のため、彼女の学校は朝練に力を入れていた。

基本は七時から八時の一時間だったが、各自の判断で開始を早めることができた。

「二年生になって、レギュラーになると、更に三十分早く始めるのが当たり前でした」

流石にヘトヘトになるまでやってしまうと、その日の授業は勿論、夕方の練習にも差し支えがでる。なので感覚的には、幾分軽めの「予習復習」のようなものだったらしい。

身体の柔軟をし、短いダッシュをして、交代でボールを打つ。

チーム仲は良かったので、時折雑談などもしながらコツコツと身体を動かす。

——しかし、そんなある朝。

坂東さんがいつものように体育館へ行くと、後輩の一年生が数人集まり相談している。

レギュラーを目指す「本気」の後輩達だが、今日は皆、顔色が悪い。

どうしたのかと訊ねれば、体育館の様子がおかしいという。

「……おかしいって、何が？」

「……ボールが飛んでくるんです」

「飛んでくる？」

「はい……。誰もいないところから」

混乱しているのか、しくしくと泣き始める子までいる。

丁度他のレギュラーも来始めたので、坂東さんは体育館の中へ入った。

その瞬間、彼女の鼻先をビュウッ、と一個のボールが飛び去った。

「ひゃっ……！」

驚き、数歩下がる。

飛んできた方向を見る。

——しかしそこにはガランとした虚空が広がるばかり。

誰もいない。

「なに……？　えっ、どういうこと？」

彼女があっけにとられていると、今度はボスンッ、と隣にいたチームメイトの腕にボールが当たって、「痛っ！」と声が上がる。

慌ててそちらを見る。

誰もいない。

怖い、というよりも訳がわからなかった。

「……どうなってるのこれ」

後輩らが準備したボール籠は定位置に置かれているが、だだっ広い体育館の中に自分達の他は、人の姿もない。なのに断続的に、誰も見ていないところからボールが飛んでくる。

球速は、丁度彼女らのアタックくらいの強さ。

たまったものではない。まともに食らえば相当な衝撃である。

「痛ァいッ！　……ちょ、ちょっとこれ、おかしいよ、出よう！」

坂東さん達もすぐに外へ避難した。

人がいなければ飛ぶこともないようで、館内はボン、ボン、と遠くに転がってゆくボールの音だけを残して、静かになる。

電話をしてコーチを呼ぶか、それとも職員室に行くか、などと相談をしている間に時間は過ぎ、ちらほらと校内に他の生徒たちの姿が見え始める。

やがて男子バレー部の部員がユニフォーム姿で現れ、不審げに彼女らを見つつ、体育館に入って行った。

「……あっ、ちょっと、危ないよ！」

「えっ？　何が？」

——飛ばない。

静かなままだ。

あれっ……？　と首を傾げる、女子バレー部。

「後にも先にも、あんな事件はあの朝だけでした。あとでいくら説明しても、現場にいた子達以外、あの変な空気はいまいちピンと来ないみたいで」

誰かの悪戯だろう、騙されたんだよ、と笑われたりもした。

ただ、その話を聞いたコーチや先生らは笑わなかった。

どことなく青い顔をして、もう忘れなさい、と話題を封じた。

「……で、これはあとから聞いたんですけど。その何年か前に、男子バレー部のコーチをしてた人が、事故で亡くなってたそうなんですね」

その人物は腹が立つと、生徒に向けて容赦なくボールを叩きつけることで有名だったという。彼女のコーチらは、その人のことを思い出したのだろう。

「でも、だとしたらなんで女子にボールぶつけるのか、変じゃないですか？　そっちこそピンと来ない感じがするんですよね。喝を入れようって感じの球でもなかったし……」

確かに、それはそうだ。

想像することしかできないが、指導熱心な幽霊という雰囲気ではない。

選手らはボールのせいで、体育館に入れなかったのである。

彼は何か、女子生徒に恨みでもあったのか――。
どうにも、腑に落ちない話である。

フォール・ガイ

理紗さんはその夏、友達とちょっとした旅行に行った。二泊三日の小旅行である。

「なんか旅番組見て盛り上がって。ほんとは一週間くらいあちこち行きたいって言ってたんですけど、お互い休みが取れなくって……」

宿泊先は大きなホテルを避け、家庭的な、民宿に近いペンションを探した。場所と予算内で実際に見つかったのは、背が低いだけのビジネスホテルという風体の物件だった。

「『ちょっと違くない?』って優子にも言われたんですけど、『三角屋根だからペンションなんだよ!』って押し切って。お天気までいまいちで」

それでもシーズンのためか部屋は満室近く。彼女らの予約で満室とのことだった。

「お天気のせいか、なんとなく暗いし、満室にしては閑散としてるっていうか、何なんですかね。『ナンパとかされるかな』って言ってたんですけど、なぜか野球に誘われたくらい――」

　ペンションのスタッフも愛想が悪く、期待したような交流はなさそうに見えた。

「殺人事件が起きるかも？」とも話したが、ここで殺人が起きても数日は露見せず、犯人は国外まで逃げられそうなほど皆、他人に没干渉だ。

　後で知るのだが、宿泊者の多くはゴルフ客で、早朝からラウンドに出てしまうようだった。

　思っていたのとは違った。それでも彼女らは存分に楽しみ――初日の夜、連れの優子さんが妙なことを言い出した。

　優子さんは以前、取材させていただいたことがあった。理紗さんの紹介である。

「『窓の外になんかいる』っていうんです。知ってますよね、霊感とかある子なんで。『また？　やめてよ』って言ったんですけど」

　部屋は広かったという。

　二部屋をぶち抜いて繋げたようなツインで値段に比べれば広い。三階で昼間は眺めも良かったので、普段は使っていない部屋というわけでもなさそうだった。

　ただ窓の外に、男がいるのだという。優子さんが指差したのは、ベランダこそないが、そこそこ大きな窓だ。

明るいうちには全く気付かなかったというのだが。

「三階だよ？」と理紗さんは言ったが「いるんだって」と優子さんは言う。

「いるの。窓の外。半分だけ」

半分だけ、というのが気になった。

「半分って？　右、左？」

「上」

「どんな感じ？」

「両手を挙げて、落ちてく途中って感じ」

聞かなきゃよかった、と理紗さんは思った。

優子さんが怯えていなそうだったため、理紗さんも『無害なやつ』と判断した。

「あの子——ただ見えるだけで何にもできないって言うんですけど、あの子が怯えてさえいなきゃ、不思議と大したことないって気はしたんですよね」

幸いカーテンを閉めてしまえば何事もないのだった。時折優子さんが窓のほうを気にしつつ、その晩は何事もなかった。

ところが翌朝、食堂で同席した男二人が妙なことを話しているのを耳にした。

しかもそれは窓の外に男が半分だけ見えるという話で、彼女は色めきだったという。

「『出会いキタ』って思いましたね。すかさず『それ私たちも見えるんですよ』って言ったんですけど、反応が微妙で。どうやら横に彼女さん居て、カップル同士四人で泊まってたみたい」

情報交換はできた。彼ら四人組は、それぞれツインの部屋を二つ取っていた。そのうち色黒のカップルの部屋が、どうやら理紗さんの部屋の真下なのである。

上下に並ぶ部屋で、それぞれ窓の外に落ちてゆくような男が見えることになる。

しかも、やはり下の部屋で見えるのも半分だけとのことだった。

ただし下の部屋で見えるのは、男の下半分だけなのだ。

色黒のカップルは、男の方に「怖い体験はあるけど、それくらい」らしかった。

優子さんが途中で怪訝そうにした。

「でも、下半分だけだと男かどうかわからないですよね。男って思ったのは、やっぱ霊感とかですか？　あ、別に疑うとかじゃないですけど」

そう疑問を挟むと、色黒のカップルは困ったような顔をした。

「言いにくいんですけど、裸なんですよね。丸出しなんですよ」

「——えっ。ああ——」

「ソレがこう、カッと上向いてるから、落ちてるんじゃね？　って」

やめてよタカヒロ、と途中で色黒の彼女が男を止めた。

後に二人はタカヒロさんとマスミさんと名乗る。

理紗さんは「朝食のあと、お互いの部屋を見てみませんか？」と提案したが、「ウチら予定あって」と断られてしまった。

「でも『チェックアウト前ならいいですよ』って言ってくれたんですよ」

下の階の色黒カップルはその晩が最後で、翌朝チェックアウトとのことだ。理紗さんらは更にもう一晩予約があった。


ところが翌朝、約束の前になって優子さんが正気に戻ってしまった。

チェックアウト前の忙しい時間に悪い、無理して見に行くようなもんじゃない、というか見たくない、わざわざ見に行ったら変態みたいじゃん、と彼女は主張し、どれも正論であった。

しかし元はといえばこちらから提案したことであり、その忙しいときにわざわざ時間作ってくれたのだから今更やめましょうとも言えない。

理紗さんも何とか優子さんを説得しようとしたが、あまり説得材料はない。彼女が「見たくない」と言えばそれまでなのだし、見ようと思って見られるかどうかも別問題である。なにせ朝であるから、見えない可能性が高い。

そうこうしているうちに、部屋のドアが叩かれた。下の部屋のカップルのマスミさんが来てしまったのだ。

「ほら、もう来ちゃったよ。帰ってもらうわけにいかないでしょ。悪いよ」

「やだ。見たくない」

そこで機転を利かせ、理紗さんだけが見に行くことにした。一応形だけ予定通りにするわけだ。理紗さんが行っても意味はなさそうだが、適当な相槌を打つことには自信があったし、どうせ朝であるから「あー、見えませんねぇ」と正直に言っても構わない。

理紗さんは、やってきた下階のマスミさんと入れ替わり、下へ降りた。

「うちの部屋と同じ作りでした。窓の外見たら――いるんですよ。裸の下半身が。一目で男ってわかる、それがこう、グッと上を向いていて――」

彼女は目を疑った。それは、自分には見えないはずのものだったから。

三階からは上半身だけ、二階からは下半身だけ。

窓に近寄ると、それは窓で見切れているのではなくまるで腰の上で切断されたように半分だけが宙に浮いているのがわかる。

思わず窓を開けて上を見上げようとしたのだが、それは色黒の彼氏・タカヒロさんによって制止された。

何かあるといけないから危ないというのだ。理紗さんにはそんなことは思いもよらなかった。

丁度そこに四人組の残りのカップルがやってきたので、留守を任せてタカヒロさんと理紗さんは共に部屋を出た。

「『外から見るとどうなってんすかね〜』って言われて。だってほら。部屋の中からじゃ半分ずつしか見えない。外から見たらどうか、気になるじゃないですか」

二人は外へ出た。見上げて、タカヒロさんが残念そうに「別になんもないっすね」と言った。

理紗さんにも見えない。

地面に何か落ちているということもない。ただ柔らかい土に茂みが広がっているだけ。

「何が見えると思いました？」

ただ上下に並ぶ三つの窓がある。三階に優子さんとマスミさん、二階に他のカップルがいる。

「いやー、ナニってーか、よくあるじゃないっすか、飛び降り自殺してるトコが見えるってヤツ――」

タカヒロさんの言うような話を、理紗さんも最初の晩のうちに思い出していた。

だがこうして改めて外から見ると、妙だとわかる。

ここは三階建てなのだ。このペンションは大きな三角屋根を持つ。屋上はない。下の地面も柔らかい。

三階から飛び降り自殺というのも妙だし、もしそうなら、それは理紗さんたちの部屋から落下したことになる。

だとすれば、優子さんの言った、両手を挙げて落ちてゆくようなポーズというのも、そぐわないように思えた。

「──四階がある？」

「いやー、ナイっしょ。どう見ても」

そのとき携帯が鳴った。優子さんからだ。

電話で何をしているか訊かれ、理紗さんは「外から見てるよ～」と、窓に向かって手を振った。

と、突然タカヒロさんが急にその手を掴んで「待った」と言う。三階の窓が開き、マス
ミさんの、真っ黒に日焼けした腕が見えた。

それとほとんど同時に──『ぎゃあ』という悲鳴が、電話越しに聞こえた。

電話で優子さんが激しく取り乱すのに続いて、携帯を落とすような音。

身を乗り出したマスミさんは、慌てたように体を引っ込めていた。

上で何かが起きた。

理紗さんとタカヒロさんは、大急ぎで三階へ向かった。

三階では、優子さんが部屋の隅で怯えていて、マスミさんがそこに寄り添っている。

優子さんは、大きなボストンバッグを指差して、「入った」「入った」と繰り返していた。

「『何が？』って聞いたんです。少しして、ようやくあの子落ち着いたんで」

一体、何が引き金になったのかはわからない。ただ少なくとも、それは窓を開けた瞬間に起きた。

タカヒロさんの彼女には何も見えていなかったのだという。しかし、優子さんにははっきりと見えていた。

窓の外で両手を挙げて落ちてゆくような男の、ぶった切られた上半身――それを見て、優子さんが「ここ三階で最上階だ」と気付いた。それは下で理紗さんらが落ちているのではないことに気付いたのと、ほぼ同時と思われた。

この男は落ちているんじゃない――そう気づいて、優子さんは急激に恐ろしくなった。

男の目は見開かれて、こちらを凝視している。

反対にマスミさんは「なんだ、自殺した人とかじゃないんだね」と安堵したようだった。

その横で優子さんは電話をし「外に出てるの？」と口走った。それを聞いたマスミさんが窓を開けてしまった。

その瞬間、窓の外の男は、繋がっていた。

両手を挙げ、裸の下半身の男が、マスミさんを押し退けて窓から室内に侵入した。

男は落ちていたのではなかった。よじ登っていたのである。

男の時間が突然流れ出したかのように、男は四つん這いで、部屋の中を物凄いスピードで這いずり——大振りのボストンバッグの中へ飛び込んだ。

以上が優子さんが見たものの、顚末である。


彼女らは、予約を一晩残してチェックアウトした。

「バッグ、私のだったんですよぅ」

優子さんのほうは実は以前にも、男にバッグに飛び込まれたことがある。今度は理紗さんのほうだったので、そこだけは少し安心したことだろう。

バッグは帰路の途中で棄てたという。

泊まれない

なにかと出張の多い団体職員、久保氏の話である。

「もう慣れましたけど、月の半分くらいしかアパートに帰れないんですよね」

業務内容自体はハードなものではない。

ただ、近県だけでなく遠県へも、社用車で長距離移動しなければならない。

家庭があればまた話も変わってくるだろうが、彼の場合はひとり身の気楽さで、特に不具合などは感じなかった。

「幸か不幸か、五年前に離婚してからは、誰に文句を言われる訳でもないし。どうせ帰宅しても、学生時代に戻ったような生活してるだけですから」

現地でのホテル代などは当然経費。多少なら観光するくらいの時間的余裕も取れるので、元々が旅行好きな久保氏には向いた仕事とも言える。

「……ただ、やっぱアレだけは困りますね。定宿を変えたり、慣れない場所に行ったりすると、たまにあるんですよ……」

——その月は珍しくK県への出張があり、久保氏は初めてのホテルを予約した。

駅の近くの、老舗のビジネスホテル。

築年数は経ているが調度品に古びた様子はなく、清潔な印象。

それなりに繁盛しており、彼と同じような出張族のサラリーマンがスーツケースを手に、次々チェックインを済ませていた。

彼の部屋は六階の某室、角部屋だった。おかげで少し広い。

やれやれと服を脱いで、まずはシャワー。

なのだが——。

「あっ、ヤバい」

突然、ツンと血の臭いが鼻に抜ける。

鼻血だ、と咄嗟に顔を押さえて浴室の鏡を見た。

「……あれっ？」

出ていない。

スンスン、と鼻を鳴らしてみると、確かに血の臭いはする。

ということはだいぶ奥のほうで出血しているのかも知れず、久保氏は不安を感じながら、とりあえずシャワーを浴びた。


幸い、入浴が終わる頃には臭いも取れていた。

下着姿のままでテレビをつける。

コンビニで買い込んだビールとつまみを広げ、やれやれ、と座ったところでまた——。

「……うおッ、ヤバいヤバいッ」

今度は間違いなく出た、と思い目の前のティッシュを引き抜き、鼻を押さえる。

血圧の関係だろうか。やっぱり外食ばかりの生活が崇ったか、などと考えながら、おそるおそる手元を見れば。

「……はぁ？」

ティッシュは真っ白。

しかし、確実に血の臭いはする。

——そこでようやく、彼はその臭いの元が、自分の身体ではなく部屋そのものだと気づいた。そして、ゾッとした。

「どうなってんだこれ……」

その濃さは、目に染みるほど。

あっという間に気分が悪くなる。

幻臭……？　いや、それにしては強すぎる。

一体何があったら、こんなに血の臭いがするんだ。

まるで、手術室か何かのような——。

自分の想像に思わず吐き気をもよおした時、スーッと潮が引くように、部屋から臭気が消えていった。


フロントに「部屋を替えてくれ」と頼むべきだろうか。

以前、金縛りに襲われて眠れなくなったホテルでは、こちらが部屋替えを頼むと、特に理由を訊きもせず速やかに別室を用意してくれた。

あれはきっと、ホテル側に「心当たり」があったからに違いない。

ここもそれと同様ならば、またすんなりと替えてもらえるかも知れない。

「よし……」

久保氏は電話を取り、フロントに連絡をした。

——だが。結論としては、別の部屋に移るなら追加料金が必要だ、と言われてしまった。

曰く、お部屋の使用後の、お客様事由の移室は通常承っていない。

今夜は空き部屋もあるので、他の部屋を用意できないことはないが、その場合は今泊まっている部屋のクリーニング代を頂戴することになる——。

「……いやあのね、じゃあこの部屋、今までそういうクレームとかは無かった？」

『はい。そのような苦情は本日までのところ、頂戴しておりません』

「……ええと。ぶっちゃけて言えばここ、幽霊とか出る部屋じゃない？」

『はい。そのようなお話は、これまで頂戴したことはございません』

「ああ、そう……」

けんもほろろだ。一見の客相手にはこんなものか、と思ったが仕方がない。

流石にふた部屋分の代金を経費で落とすのは難しい。

彼は渋々電話を切ると、これ以上あれこれ考えず、寝てしまうことに決めた。


その、深夜。

パッパッパッ、と数回瞼《まぶた》ごしにライトで照らされた気がして、久保氏は目を覚ます。

眠りが浅かったのか、意識は即座に冴えた。

「…………」

室内は点けっぱなしにしてあったフットライトで、ぼんやり照らされている。

何だろう、夢だったのかなと思いながら再び目を閉じると、今度は間違いなく眩い光源がパッパッパッパッ、と彼の顔を照らした。

がば、とベッドから飛び起きる。

室内のテレビが激しく明滅している。

世界がコマ送りされているかのように見え、恐ろしくなって、テレビ本体に手を伸ばしたものの、電源スイッチがどこにあるのかわからない。

彼は思わず「やめろやめろやめろ」と呟きながらシーツを引きはがすと、テレビモニターにぐしゃぐしゃに被せた。

途端に明滅は止み、薄暗い室内が戻った。

――ギイィ、と視界の隅でドアが開いたのでそちらを見る。

浴室から真っ黒な人影が現れ、無言のまま廊下への扉を開け、部屋から出て行った。

バタン――と重い扉が閉まったあとには濃厚な、塩辛い血の臭いだけが残された。

久保氏は頭の芯が痺れたようになって、そのまましばらく、立ち尽くしていたという。

「……いやもう、すぐに荷物まとめて出て行きましたよ。交渉なんてする余裕も、余地もありません。あんなホテルで寝られませんから」

彼はその影が、廊下に出て行ったのを見たのである。

つまりもし、別の部屋へ移らせてもらったところで、それが建物内にいることに変わりはない。安眠できる訳がない。

「で、近くのファミレスに朝まで……。あの夜はホント、心身両方がキツかったです」

久保氏は以来、初めて泊まるホテルでは、「その部屋、今までにクレームが入ったことはないですか」と訊くようになった。

妙な客だと思われても構わない。

困惑気味に「いえ、一度も……」と答えてもらえれば、それで安心する。

恐ろしいのは「いいえ。頂戴したことはございません」というような、厭に機械的な返事である。その場合、彼は入室せずにその場で別の部屋を頼む。

我ながら鬱陶しい癖がついてしまったと彼は言うが、おかげであの夜以降は、精々金縛りに遭う程度で済んでいるという。

見えない

取り壊しの決まった建物がある。

「相当ガタが来てるから仕方がないでしょうね。文明が消えたら、ここもいい感じの廃墟になりそうですが――」

大袈裟でしたかね、と堀井さんは照れたように笑って、その古い建築を見上げた。

住宅地の中の地上五階建て。ついこの間まで、地域のセミナーや催しの会場として使われていた公共施設だ。

「その前に予算です。文明より先に予算が消えるほうが現実的でしょうね。予約はできませんが、まだ入れます。ご案内しますよ」

入ってすぐは受付と待合を兼ねたエレベーターホールだ。

出入り口に近いのに、だいぶ薄暗い。

「お役所のとは全然違うでしょう」

たしかに昨今の開かれた行政のイメージとは一線を画す閉塞感は、まるで古い病院のそれだ。

まず窓口が異様に狭く、人ひとり分か二人分くらいだ。そこから見える奥の事務所は広々としているのに、まるで学校の通用口にある守衛の詰め所みたいな窓口になっている。

「その窓口なんかは、もともとは広かったんです」

確かによく見れば広いカウンターだったものだ。大部分がロッカーやポスターの目隠しで封鎖され、昔ながらの狭い窓口になってしまっている。

受付の処理能力の低下のため、本来は必要なかった待合が対面のエレベーターホールにできてしまっていた。

表向きの理由は職員の削減のため、窓口が広くても対応しきれないからだ。

別の理由もある。

「こうしないと内側からエレベーターホールが見えちゃうんです。するとどうも具合が悪かったみたいで」

堀井さんがここの職員になったとき、既にそれはそうなっていた。

その『具合が悪かった』の中身の詳細も、多くは伝聞の伝聞だ。

「この受付からだとエレベーターが見えるでしょう？　すると、何かがエレベーターから降りてきて、そこに立ってるらしいんですよ。何かはわかりません。それをですね、ここからずっと見てた職員が結構、こう、おかしくなって辞めたりしたみたいで……」

肝心な、彼らがそこで何を見たのかという部分は欠落してしまっている。

今も暗いそこは、かつても暗かったという。


まず三階まで階段で案内してくれるという。彼はエレベーターを使わないのだそうだ。

「健康のためとかじゃないです。ここのエレベーターね、ダメなんですよ」

古いのだ。停止位置とフロアの高さが合っておらず、常に段差ができている。

「怖いでしょう？　それだけじゃないです」

乗っていると、人のひそひそ話が聞こえるのだという。

「エアコンとかじゃないです。エアコンなんかないですもの。扇風機も去年壊れたまま」

ならばエレベーターの駆動音ではないかと聞いてみると、「なら乗ってみますか」と言う。

乗ってみると本当にひどく古いエレベーターで、上昇のときにガクンと一瞬落ちるのがスリリングであった。駆動音も酷い。

しかし人の話し声はしない。

「――あれえ、今日はしないいなぁ。普段この時間、人気のないときなら、結構話し声がはっきり聞こえるんですよ。この騒音の中でも」

外の人の声が聞こえるとかではないらしい。

話し声の内容を訊ねると、意味ははっきりわからないものの、概ねいつも似たような愚痴っぽい調子である。

「『おみい』がどうしたとか、『へでたつの』がどうしたとか。人名なのか何なのかさえわかりません。でも一階から五階まで、ずっとその話が聞こえてるんですよ。で、着く頃急に『控え、控え』と言ってパッと止むんです」

確かにそれは気持ちが悪い。

壁には無数の、古いテープの剥がし跡。

「催しのお知らせとか貼ってたんですが、なぜかすぐビリビリに破かれちゃう。割れ窓理論ってのもありますから、貼らないようになったんです」

それにしても遅いエレベーターで、こんな話をしている間、まだ三階に着かない。

「ああ、でも今日は遅いですね。いつもよりずっと遅い」

三階の長い廊下は、両脇が会議室でとても暗かった。

「ここにお化けがでるんですよ。私が最初に見たのは、もう七、八年くらい前ですか」

堀井さんが、至極真剣に言う。

「廊下の奥から、歩いてくる人がいたんです。ベージュのスーツを着た女の人でした。他の職員も見てる人がいて、聞くとやっぱりいつもベージュのスーツ」

彼が聞いて回った限り、その女性はずっと前から度々目撃されているのだそうだ。

しかしそれだけではお化けとは普通思わない。だがそのとき、彼はすぐにおかしいと気付いた。

「――傘さしてたんです。雨なんか降ってないんですよ。降ってたとしてもここは三階の廊下です。なのに傘さして、向こうからここを歩いてきた」

薄暗い廊下に溶けるような紺色の傘だった。

大ぶりで、狭い廊下いっぱいに広がるような傘をさして、女がやってくる。

驚いて壁際に避けた彼をよそに、女性はごく当たり前のように傘をさしたまま廊下を歩き、スッと曲がってエレベーターに乗った。

その時エレベーターは囲碁の催しのため、二階上の五階に停止していた。なのに女性は当たり前のようにエレベーターを呼ぶことなくドアに吸い込まれていった。

その頃から急に、その傘をさす女性を見かけるようになった。

「ひとつ気になったことがありまして」

当時、ちょうど正面玄関に新しい傘置きが設置されて、古い傘置きが撤去されたのだそうだ。新しいものはナンバーロックつきのフック式で、古いものは格子の間に刺すタイプ。

「お気づきになったかもしれませんが、今、正面には新型のロック付きの傘置きがあるのに、受付の前に古いタイプも残してるんです。なぜかというと――」

苦情が出るようになったのだそうだ。狭い廊下やトイレで、傘をさしている人がいる、と。そのせいで椅子や、廊下が濡れていて危ない、と。

そこで彼は、傘置きを古いものに戻すよう提案したのだそうだ。

生憎もとのものはすでに廃棄されてしまっていたので、近所のジャンクショップで見かけた似たものを彼の自腹で買ってきた。

「受付の前に私物を置くのはどうかと言われましたが、まぁ、ふた言三言反論したらそれからは小言も言われませんでした。お守り代わりのつもりでしたが」

効果はほとんどなかったという。

「こちらです」と、堀井さんが電気のスイッチを入れつつ招いてくれた。

五階の、窓が並ぶ大きな会議室だ。廊下に比べれば明るいが、大窓が並んでいるにしてはどうしても暗い印象がある。

並んでいる窓が一箇所だけ板で塞がれている。その板にはポスターなどの掲示物が貼り付けられていて、あたかも掲示板のような顔をしているが、ベニヤ板である。

「どういう理屈かはわからないんですけど、この階の、この角度からだけなんですよ――」

堀井さんはそう言いながら、ベニヤの隅を撓《たわ》ませて、外す。

後ろにあったのは普通の窓だ。割れているわけでもない。

「ああ、今日は見えないみたいです。ごめんなさい」

日によっては、外の道からこちらを見上げる複数人が見えるのだそうだ。

窓からは外のごちゃごちゃした住宅地を見下ろせた。別に景色はよくない。

堀井さんはいそいそと、忙しなく二枚のベニヤを戻す。

その板も受付窓口のロッカー同様、目張りだったわけだ。


その後彼の案内で階段を降り、四階から順に見回り、一階まで戻ってきた。

建物はまだ空っぽというわけではなかったが、上階から順に撤去は進んでいるようだった。資料などはすでに運び出され、上階のトイレなどは使用できないようになっていた。

エレベーターはいつの間にか一階に戻ってきていた。

「来館者は、入ったときと出るときにこの窓口を通る必要があります。エレベーター降りたら、まずそこの窓口に行って呼び鈴を押して、職員を呼ぶわけです。あ、それが僕の傘置きです」

言われてみると、受付のところに古い傘置きが置かれている。正面の新型のほうが場違いで、堀井さんの傘置きのほうこそ何十年もそこにそうしてあったのではないかと思うほど馴染んでいる。

「で、お訊ねしたいんですが、笑ってるお化けってどう思いますか？」

そう唐突に訊かれた。

「私ね、一度だけこの窓口の向こうから、見ちゃったんですよね」

あまり言いたくなさそうだった。

その日、予約もほとんどなく暇にしていた彼は、急に呼び鈴が聞こえて顔を出した。

すると薄暗いエレベーターホールで、色とりどりの傘が、回転していたのだそうである。

「こっちに向けて。並んだ歯車みたいに。クルクルクルクル――って」

そのとき、実は横から見ていた事務の女性がいたのだそうだ。

「私からは、傘で顔まで見えませんでした。でもその方が言うには、笑ってたっていうんですよね」

そんな建物も取り壊しが決まっている。まもなくすべてが運び出され、外周はフェンスで塞がれてしまう。

新しい設計の建物では、五階のあの場所に窓はない。そこには車椅子に対応した大きな多機能トイレが設置され、窓はなくなる予定だ。

堀井さんの傘置きはここに置いてゆくという。

入道

薬剤師、吉村さんの体験である。

彼女の勤め先の調剤薬局は、駅前の古いビルの二階。

「一階にクリニックが入っているので、皆さん診察を終えてからエレベーターで上がって来られます」

勿論階段もあるのだが、それは建物の裏側へ回ることになるため、わざわざ利用する人は少ない。三階と四階は空きフロア。五階に美容教室がある。

つまり普段、さほど人の出入りは激しくないビルである。

「……用事のない人が入ってきたら、当然すごく目立つんです。薬局のガラス戸越しに、エレベーターの前も、短い廊下も全部しっかり見えてるので」

人影があれば、お客さんかなと思う。こちらも受け付けをしようと身構える。

なのに、いつまで経っても薬局に入って来ない人が、しばしばあると言う。

「……？」

吉村さんが初めて不審な影を見たのは、勤めだしてひと月ほどが経った頃。

エレベーターの音はしなかったのに、ガラス戸の向こうに、誰かが立っている。

「……どうしたのかな」

首を傾げ、迎えに出ようとした彼女だったが、それをすぐに「いいから」と制止したのは先輩の西さんである。

何がいいのだろう。

「時々ああいうのが来るけど、ほっといてね。あんまりジロジロ見ないようにして」

「えっ……、あれって危ない人ですか？」

思わず小声になり、吉村さんは訊ねる。

この調剤薬局は自分と先輩、女性二人だけで回している。不審者の類なら不安だ。

「ううん。何もしないから大丈夫——でも一回相手にすると、なかなか消えないから」

要領を得ない。

ビルの短い廊下でじっと佇んでいるのは、どうやら背の高い男性。

ガラス戸に貼られたカラーシールや、大判のロゴで全身はよく見えない。

だが、つるつると蛍光灯の光を反射する禿頭だけは、見間違いようもなくそこにある。

吉村さんは「う〜〜ん」と悩みながら、書類を整理しつつ、やっぱりチラチラとその人影を盗み見てしまう。

やがて、ポーン、とエレベーターの止まる音がして――階下からお客さんが上がって来たかと思うと、そのドアが開くより前に、禿頭の男はガラス戸の前から消失していた。

消えていた。


「……やっぱり、ゾッとしましたね。生きてる人間じゃないって思って、しかもそんなのが時々来るって言われたら、怖くて手がブルブルブルッて震えだしましたよ」

吉村さんがそんなものを見たのは、生まれて初めてのことだ。

けれども、すぐに慣れるよと西さんは言う。

ああやって薬局の前に立っているけど、中に入って来ることはないし、他のお客さんが上がって来ればすぐに消える。相手にしなきゃどうってことはない――。

どうやら彼女の前に勤めていた人も、この禿頭が嫌で退職したらしい。

無理もないことだな、と思わざるを得なかった。

「まぁ、薬剤師の就職って結構大変なので……。折角入れたんだし、それで辞めようとは思いませんでしたけど。半年くらいはずっとビクビクしてて――いざ出てくるとその度に、頭の中が真っ白になっちゃって、ぶるぶる震えてました」

普通はそうだろう。

そんなものに慣れるほうが、どちらかと言えば、やや普通ではない。

訪れるお客さん達からそれについての苦情や、相談を聞いたことはないので、どうやら薬局内からだけ見える存在のようである。

こんなにハッキリと、まるでその場にいるように見えるものなんだな、と、吉村さんはそれが現れる度に怯えつつ、感心した。

身長は一八〇センチ以上。黒っぽい服を着ており、背筋もピンと伸びている。

その頭は横顔だったり、後頭部だったりして、不思議とこちらに向けられることはない。

それがせめてもの救いと言えた。

お願いだからこっちは向かないで欲しい、と彼女は祈っていた。

一昨年、彼女はお祖父さんを肺炎で亡くしてしまった。

最期は病院のベッドで、家族全員で見送れたので、悲しくはあったが納得もできた。

三日間の忌引を終え、再び薬局に出勤したその日。

また、件の禿頭がガラス戸の向こうに出現した。

「…………」

吉村さんはなんとも言えない思いに、胸が圧迫された。

身内を亡くしたばかりの身には堪える。

これが本当に「幽霊」というものなら、骨になってしまった自分の祖父も、まだどこか近くにいるのだろうか。

私や家族のそばで何かを思い、私たちを見ているのだろうか。


「――南無阿弥陀仏南無阿弥陀仏南無阿弥陀仏――」


ギョッ、と隣の西さんが顔を上げる。

吉村さんも思わずガラス戸の向こうを凝視する。

――人影が、お経をあげている。

そんなことは今までなかったし、西さんも、五年勤めていてそれの声を聞いたのは初めてだ、と後に言った。

「……自分が死んでるのに、お経あげるんだ」

ぽつり、と西さんにそう呟かれて、吉村さんは思わず噴き出した。
西さんも自分で言っておいて、小さく笑った。

以来、その禿頭のことを、あまり怖いとは思わなくなったそうである。

サイコロステーキ

「ほんと、コロナのお陰ですよ」

小寺君は料理のデリバリー業を心底楽しんでいる。疫病が流行する以前から彼はその仕事をしていた。今ほど忙しくはなかったものの、決して楽ではなかったという。

進出したばかりだったためか、会社は大量のクーポンを配っていたようだ。

「そんなのに飛びついて大量注文する奴ばっか。そんなのね、ろくな奴がいないんですよ。エリアもクソでしたねえ。ビットコインで稼いだ成金みたいなのとか、ＩＴのＣＥＯみたいな奴とか、そんなんばっかで」

とにかく苦情が多かったのだという。事故やトラブルの類は更に多い。

「豚に餌を届ける仕事だ」と彼は自分に言い聞かせていた。

「不思議なもんで、中毒性みたいなのがあるんですよ。苦情を流せるくらい図太くなったら、嫌なことはどんどん減っていって、辞める理由はなくなってく」

彼がその注文を受けたのはちょうどそんなふうに、神経が腿の筋肉ほど太くなった頃だった。

ある晩、注文を受けて小寺君はそのステーキ店に自転車を走らせた。

そこで受け取ったオードブルのトレイには、これでもかとサイコロステーキが詰め込まれていた。そのトレイが二つ。片手で持つとずしりとくる。

「両手で持ってください」と棘のある口調で店員から釘を刺された。

肉はどれも粒ぞろいできっちり焼かれていた。キャリーバッグに入れ、走り出す。

自転車で走り出す瞬間だけは、「この仕事、悪くないんじゃないか」と思えた。

「いつも最初だけですね。トラックに巻き込まれそうになりながら信号ぶっちぎって飛ばしてると、何もかもどうでもよくなっちゃう」

夜道、しかも光源の多い都会ではいくらライトを点けていても『車には自分が見えないのではないか』と感じる瞬間はよくある。

目的地の近くまで来て、四十階建てのタワーマンションが見えてくる頃には「悪くない仕事」は「クソみたいな仕事」にランクダウンしている。

「だってそんなにサイコロステーキ頼むなんて、普通じゃないでしょ。クーポンですよ。ぶっ壊れたみたいなクーポン使えば無料同然になるんで。ケチな金持ちの暇つぶしです。届け先だってタワマンだし」

再開発の進む湾岸ルートに入ると車は減り、通行人と自転車との戦いになる。タワーマンションに挑むドン・キホーテの心境で彼は気合いを入れ直す。

だがその日、道は妙に異常に空いていた。人っ子一人見当たらないのである。

するとその先で、一台の車が路肩でひっくり返っていた。

(あちゃあ、自爆だ)

一瞬周囲を見るが、通行規制の類はない。ならば事故は起きたばかりか、悪くすると自分が第一発見者だ。

彼は餌の配達よりも人命救助を優先した。

事故現場近くで自転車を降り、ひっくり返った車を見る。車の下に潰れた自転車が挟まっているではないか。

他人事とは思えなかった。自転車は自分のとよく似ている。潰れて一部の塗料が剥げ車のものと混じり合っているが、それさえなければまるで同じもののようだ。

負傷者もすぐに見つかった。

自転車から投げ出されて滑ったのか、少し先のガードレールの下に折れ曲がって挟まっていた。

(ああ、こりゃあ——手遅れだ)

すぐに悟った。

事故現場に遭遇するのはそれが最初ではない。

車のほうの運転手はどこだと見渡すが、姿がない。

とにかく救急車を呼ぼうとした。その時、どこからか声がした。

「——呼んで、呼んで」

ふと見ると、ガードレールの下で折れ曲がっている若い男の姿があるだけ。体型やウェアから若い男と判断したが、顔は削れてしまってわからない。

その口が震えるように動いている。

「呼んで。呼んで……」

とっくに手遅れだと思っていた小寺君は少し驚き、取り乱した。

「い、今呼ぶから。喋らないでください」

そうは言ったが、思ったよりもパニックを起こしつつあるのか、スマートフォンを上手く操作できない。タッチパネルの反応が暴れて、電話をかけることができないのだ。

少し待って、と小寺君は現場を離れる。瀕死の重傷者に「少し待って」とは、そんな残酷なことを言うなんて——と彼は深く後悔した。後悔してもまさか「死にそうなのに悪いね」とも言えず、もう遅い。

小寺君は助けを求めて周囲を見た。真っ直ぐな新しい道路には人影がない。どうして今日に限って人っ子一人いないのか、彼は苛立った。

そこへ折よく、道の先から自転車のライトがこちらへ向かってくる。

小寺君は手を振った。するとその自転車は、まるで何か使命感を帯びたようにまっすぐ、しかも急速にこちらへ向かってくる。立ち漕ぎだ、と彼は思った。

近づくとその自転車を立ち漕ぎする姿がはっきりと見える。彼は安堵した。それは警察官だったからだ。

「お巡りさん！　事故です！　良かった！」

「事故？　どこ？」

あれです、と後ろを示す。

「——どこ？」

ふと、違和感があった。先程ひっくり返っていた車の場所が、変わっている。路肩に突っ込んでいたはずなのに、今は随分車道の中央寄りに移動している。

混乱しつつ、小寺君は「とにかくこっちです」と警官を連れて現場に近づく。

車道に自転車が倒れていた。

「ああ、シティバイクだねえ。良いやつだ」

警官はそう言ってから、小寺君の姿を上から下まで眺めて「君の？」と訊ねる。

そこに倒れているのは、たしかに自分のものだった。

だがそれより、ガードレールの下にはまだ重傷の男が挟まっている——。

必死に救急車を呼んでくれと頼んだが、警官には負傷者がまったく見えないようで「……どこ？」とやや苛立ったように見えた。それでも小寺君の様子を見て只事ではないと悟ったのか、「落ち着いてください。いいですか。事故を目撃したなら詳しいことを説明してください。まず場所と日時を」とゆっくり問う。

場所はここだ。目の前でひっくり返っている車の車種まで言える。

なのに、彼が見ている間にもその車はゆっくりと、ひっくり返ったままスライドして離れてゆく。そのまま反対側の工事現場の、白い防壁の中に吸い込まれてしまった。

小寺君は絶句し、その様子をただ眺めていた。

「場所は？　日時は？」

警官にそう重ねて訊かれて、小寺君は「嘘じゃない」としか言えなかった。

「――いいや、嘘だとは言わないよ。先週もあったんだよ。同じ通報が。ちょうど今くらいの時間に」

小寺君には、警官の言ったことがまるで理解できなかった。

「とにかく、異状は認められません。納得がいかなければあっちで話を聞きます。どうしますか？　怪我人はまだいますか？」

彼はもう自分の目が信じられなくなった。

ガードレールに挟まっていた怪我人の姿も、もう見えない。

「先――先週の通報って、自転車乗りでしたか？」

「そう。君と同じ、出前の人だったよ。その前も」

小寺君は状況を飲み込んだ。

事故はなかった。怪我人もいない。ただ彼の自転車が倒れていただけ。彼の見たものは間違いであった。

なぜか、同業者には見える事故現場があるということなのか。

彼は自転車を起こし、なんとか配達に戻ろうとした。

去り際、警官が「ちょっと」と小寺君を呼び止めた。

「君、出前の人だよね。もしかしてそれってステーキ？　サイコロステーキみたいな、細切れのやつ？」

どこどこのサイコロステーキだと、小寺君は話した。

「そこのタワマンに行くんでしょ？　できれば中を確かめて、生焼けだったら店に持って帰ってほしいなぁ。そういうトラブルがあったんだよ。気をつけてね」

小寺君は面食らった。わけのわからないものを目撃した上、警官にまでわけのわからないことを助言されて、彼は大いに戸惑う。

「いや、怪しいものじゃないですよ」と彼は言って、キャリーバッグを開けて中を見せた。

警官は遠慮というより、嫌そうにしていたという。だが小寺君があまりにも必死にキャリーバッグの中を見せるので、仕方がなく中を調べた。

「――君等も仕事だってのわかるけど、これ届ける前によーく考えてほしいんだよなぁ。これもきっとトラブルになるから」

警官にそう言われて、小寺君はプレートをよく見た。

懐中電灯で照らすと、そこにあったサイコロステーキはまるで生のようになっている。

「あれっ？　そんなわけ――」

出発したときにはきっちり焼き上がっていたはずなのに、今ではまるで染み出した血で真っ赤な生の肉だ。

「生肉に戻ってる」

ミディアム・レアだったものが、中身が寄って肉汁が出てきてしまったのかと思ったが、荷崩れはほとんど起きていない。

なのにトレイにかぶせた透明な蓋にまで血が飛び散っている。

さっきの光景を思い出し、思わず小寺君は吐きそうになった。


「路肩でえづいていたら、お巡りさんが言うんですよ。先週も同じ店から同じマンションへのサイコロステーキだったそうです。でも肉が生だったとかそうじゃないとかで揉めに揉めたらしくて、通報があったそうなんです」

結局、この後小寺君は生のようなステーキを届け、玄関先で「またこんなもん出しやがって！　こんなもん食えるか！」と追い返されたそうである。

店に報告しても「またかよ。こっちはちゃんと焼いた。文句があるなら訴えてみろ。受けて立つ」と相手にされない。

料理も届け先も、肉の状態も、まるで予言のように警官が言い当てたのには先日にも同じ例があったからだ。

そのときの配達員もやはり近くの交番に飛び込んで事故を目撃したと話していたらしい。事故は間違いだと確認できたが、その後すぐ配達先でトラブルを起こしていたわけだ。

どうやら配達先と配達元の組み合わせによって、その事故現場が目撃される。事故は間違いだとわかるが、その間にステーキがなぜか生に戻ってしまう。

生に戻るというのも正確ではないらしい。

「確かめたんですよ。肉は確かに表面が生っぽいんですが、中はちゃんと火が通ってました。おいしかったです」

どうしてそんなことになるのか、それはわからないという。

「今もうその店はないです。撤退しました。まぁ今はずっといい仕事ですよ。コロナのお陰で、届けるのも普通のお弁当とかだし、届け先も幸せそうな、普通の家庭ですからね」

その場所で過去に死亡事故が起きていたかどうか、彼は「知りたくもない」という。

営業、最後の日

「ちょっと前まではこの業界不況知らずなんて言われたんだよ？」

小村さんは大学を出て、すぐにパチンコ店のフロアスタッフとして就職した。

ところがゲーム性の高い機械は年々締め付けが厳しくなり、彼が現役だった頃の栄華は見る影もなくなっていた。

そこへ更に新型コロナウイルスの流行が追い打ちになった。

「トドメを刺された感じだよね。店長以下、皆パチンコが好きってスタッフで踏みとどまってたんだけどさ。客層みたら何のために頑張ってるのかなんてもうわからなくなっちゃったし」

小村さんはパチスロ好きが虎視眈々と出玉を狙うフロアが好きだった。

設定の妙を嗅ぎ分け、ゲーム性と運の天秤を見極めて、その間で一喜一憂するような激しい戦場が、だ。

「ド田舎のさ、他に娯楽がないとこで暇つぶしに打つパチンコじゃあダメなんだよ。でも生き残るのはそういうとこなんだ」

ところがある日、フロアに立った小村さんらが見た光景は、まさにその「ド田舎の、他に娯楽がないから打つパチンコ屋」のそれだった。

〝こんなことならもう店は閉める。もう去年くらいから考えていた。引き際だ〟

そう決断したのは勿論小村さんではない。店長だ。だが小村さんも、まるで自分が決断したかのような納得感、敗北感、そして失業の重みがあった。

「うちの店長って人はね、ちょっと変わった人で。結構いい大学出て、親が県議だかなんだか、立派な人みたい。でもそれが逆に厭で、反骨心からパチンコ屋になったみたいなところあって」

親の面目を潰すようなことは一通りやっていたという。

小村さんから見ても「それはやっちゃいけないでしょ」ということも平然とやっていた。

特に人、金回りは法律スレスレのところもあり、小村さんの知らないところのことは想像もつかなかった。

「事務所に小さい婆さんがいることがあったんだよ。小さいっていっても、一メートル以上はあったよ。捕まった万引き犯みたいな感じで縮こまってたんだけどさ」

無論万引きでもないし、ゴト師などでもない。

店長はその老婆に多少の現金を渡して、「お願いしますよ」と頭を下げた。

「後で『何スか、アレ』って訊いたら『地主』って言われたけど、そういうことはその婆さんだけじゃなかったから。何人地主いるんだよっていう」

不思議なことに、店長の言うその『地主』に相談すると、厄介なトラブルがいつの間にか解決するのだそうだ。

クレーマーなどでは済まない、国の内外を問わず様々な厄介があったというが、そうしたものがいつの間にか「黙っちゃう」のだそうだ。

しかしさすがの『地主』も、店長自身の心が折れてしまったことについては何の力も持たなかった。


閉店が決まって、小村さんは逆に忙しくなった。

本部には既に話が通っていたが、関連会社や地域などともやり取りすることは多い。店舗に特殊な改造をしているから、退去も簡単ではない。

更にスタッフの再就職先を選ぶなどの仕事もある。小村さんは系列店への移籍を打診されたが、潮時とみて辞退した。何より、撤退については彼も心底同意していたくらいで、未練はなかった。

「最後の営業日は色んな人が来てくれたよ。元スタッフや馴染みのお客なんかも。でもこのご時世だからさ」

マスクの下で顔色は見えないが、皆柔和そうだった。

かつて台を叩くほど荒れたり、店員に殴りかからんばかりのところを懸命に追い出した面影はもうない。

皆記念に少額だけ玉を買い、気持ちよくスッて帰ってゆく。

「世話んなったね」

「またね」

「また来るね」

皆、何気なくそういうことを言った。どの言葉も彼には刺さらず、しかし表面を傷つけるだけ傷つけて、流れていった。

見たくない光景、聞きたくない言葉が溢れて、彼は悔しくて泣いていた。

店長も、火の消えたように燃え尽きていた。

最終日営業終了後も、ミーティングと称して軽い挨拶があったくらいだ。

スタッフが去ってゆく中、事務所には店長と小村さんだけが残った。小村さんは納得できていなかった。閉店に、ではない。最後この日に、どうしてもやり残したようなことがあったからだ。


「誰も。誰一人だよ。誰一人納得なんかしてない。うちの店だけじゃない。他の業界だってそう。『潮時だ』なんて言って、それで納得してる奴なんていない。俺はそう信じてる。あの夜、店長に食ってかかったのは、別に俺が一番むかついてたからでもないし、付き合いが長かったからでもない。単に俺が一番気が短かっただけ」


暫くの沈黙の後「何か言うことないんスか」と彼は切り出した。

店長は「あ？　ああ、お疲れ」とだけ言った。

一発殴っていいスか、と訊くと店長は「いいよ」というので彼はそこにあったファイルで殴った。

「気が済んだ？」と返されて小村さんは馬鹿にされていると感じた。

ところが店長は、やけに真剣に小村さんを見て諭すように言う。

「もう帰ったほうがいい。いると巻き込まれる」

何かただならぬものを感じた。

どこかの反社会的組織か、それとも『本部』か。小村さんの知る限り、『本部』も小さい会社だ。近隣で数店舗経営しているに過ぎない、この業界では最も多い規模の、普通の会社だった。

「お客さんだよ」と店長は言った。

「借りを返さなきゃいけないんだ」

小村さんには訳がわからなかった。

しばらくそうしていると、急に事務所の古いファックスが動き始めた。

「きたか」と店長が呟く。

ファックスなどもうしばらく動いていない。メンテナンスされていないためか、ファックスは所々変色した感熱紙を吐き出すだけだった。

小村さんは慌て、やたらに吐き出されるその紙をとって捨てるを繰り返していた。

だがそうしているうちに、ただの汚れに見えた感熱紙の黒い楕円の中に、指紋のようなパターンが見えてきた。思わず自分の親指を押し当ててみると、ほぼ合致する。

そうした跡は、手の形のように並んでいる。

（手形？　誰の？）

大きさも小村さんの手に合う。そうした手形が何人ぶんあるのか、次々と吐き出されてくる。

彼の背後を店長が通るのに気付いた。

フロアに出てゆくのだ。

小村さんは、ファックスを放って店長に続いた。

フロアに出るや否や、彼は思わず「ウッ」と足を止めてしまった。

無人のはずのフロアには、沢山の人がいるように感じられた。そして彼は魅入り、魅入られる。

熱気だ。そこにはもう失われたはずの葛藤、そして執念のようなものが渦巻いていた。

勿論そうしたものには形がない。音すら発しない。それでも彼の記憶にはしっかりと根付いていて、それを呼び起こすのだ。

その中に、何人かは実際に見える者もいた。

小さい老婆、角刈りの老人、化粧の濃い女——学生服を着た少年までいた。

それはかつて、店長が『地主』と呼んでいた謎の連中だった。

「小村くんには地主だって言ったけど、違うんだ。ごめんね」

閉店後、事務所から裏へ出るスタッフ通用口以外は全て施錠していた。それを確認したのは小村さんだ。

普通の人間ではない——事務所を通らずにフロアに入ることは、少なくとも普通の出入り口では不可能なはずだった。ただしパチンコ店には、玉を流通させるための設備が天井裏や床下にあり、フロアに繋がっている。そこを通ることも、その日に限っては可能であった。

フロアは消灯し、暗く、がらんとしている。それなのに、なぜかそこにいる人の気配はオープン中の、それも最盛期にも勝るとも劣らない熱気を感じさせた。

人だけいても、営業だけしていても、もはや見ることの叶わない熱気——。

その間に突っ立って、『地主』ら四人はこちらを見ていた。

いや正確には、店長だけを見ていた。

「小村くん。明日からも、色々大変だけど君だけが頼りだ。頼むよ」

小村さんは耳を疑う。

やり手の店長が、それまで一度も口にしたことのない暗い弱気が見えたからだ。

「ちょっと何言ってんスか、店長。一人だけ飛ぼうなんてやめてくださいよ」

店長は薄く笑いながら、首を横に振った。それは否定だと、彼には思えたのだが。

「皆が皆こうなるなんて思わないで欲しい。ただぼくの場合はね、ちょっと、運がよかったのか、悪かったのか——いやぁ、たぶん悪かったんだろうなぁ」

君には見えるんだろう、と店長は続ける。

「今このフロアに何人来てるか、君にはわかるよね？　そういうことさ。わかったら帰って、いつか今日のことは忘れて、新天地でも頑張って欲しい」

静かに店長はそう言ったが——小村さんにはその四人以外は気配くらいしかわからなかったし、店長が何を言おうとしているのかもわからなかった。

しかし、彼は黙って退出した。

彼には最後に見るべきもの、その残滓が見えた。もうそこに留まる理由は何もなかったからだ。

「——タイムカードも切ってたしなぁ」

彼はそう振り返る。

それ以来、彼は店長に会うことはなかった。完全退去までは、本部から来たヘルプと小村さんらの中心スタッフが手配した。

本部の人間も、店長の所在については何も話さなかったという。

「なんだろ。そんな昔の話でもないのに、ずっと昔のことな気がする。店長にも、もう二度と会えないいんじゃないかなぁ」

彼はゆっくり次の仕事を探している。

あんなことがあったのに、まだ人生が続いていくことだけが不満だと、彼はそう薄く笑った。

横綱

御波氏が小学生の頃、同級生に「横綱」と呼ばれている男子がいた。

その名のとおり身長も体重も、大の大人ほどある生徒だった。

「悪いヤツじゃなかったんだけどね。少し鈍いところがあって、誰かにそそのかされたり、けしかけられたりすると、すぐ乗ってしまうんだよ」

——おい横綱、隣のクラスの誰それが、お前のことをブタって言ってたぞ。

そんな風に吹き込まれると、休み時間が残り一分しかなくても、顔色を変えて教室から出て行く。そして、隣のクラスで悲鳴が上がる。

「小学生って、血が出るような喧嘩をしたら本当は一大事だろう。でも横綱の場合、血を見ずに済むパターンのほうが少なかった。……ウオーーッ、て叫びながら熊みたいに突進していくんだ。その様子が丁度相撲取りみたいだったから、そんな渾名《あだな》がついたんだな」

跳ね飛ばされ、のしかかられて気を失った生徒もいた。

誰かを病院送りにするたびに、横綱は一週間ほど学校を休まされた。

いわば謹慎処分である。

「……まあ、今となっては大昔の、昭和の話だから。先生達も苦労したと思うよ。ビンタして言うこと聞くヤツならまだしも、相手が自分と変わらない大きさで、しかも暴れ出すと何をするかわからないと来たら——もう学校を休ませるしかないよな」

御波氏は家が近かったこともあり、彼がそんな風に休学するたび、給食のパンやらプリントやらを届けさせられていた。

※

ごめんくださーい、と御波少年は大声をあげる。

茶色いトタン張りの平屋で、割れた窓にセロハンテープが貼ってあるような、横綱の家。

しばらくして無言のまま、すりガラスの引き戸が開けられ、横綱の母親が顔を見せる。

「……あ、これ木場くんの今日のパンです。それと、給食費の袋」

「……はい」

おばさんはそれらを受け取ると、引き戸を開けたまま奥に引っ込んだ。

狭い土間には横綱の運動靴が転がっている。

上がっていけ、という意味だ。

「……おじゃましまーす」

家の中は古びた木と、安っぽい洗剤の匂いがした。

入ってすぐの右側が横綱の部屋である。

御波少年は勝手知ったる様子で、その襖を開けた。

「よう、ジャンプ持って来てやったぜ」

ポン、とランドセルを放り出して中から分厚い雑誌を出してやる。

部屋の真ん中で大の字になっていた横綱は、イガグリ頭を撫でまわしながら起き上がり、

「でへへへ」と笑った。

――横綱が漫画を読んでいる間、御波少年は彼の胡坐《あぐら》に頭を載せて、下から分厚い二重顎を見上げるのが常であった。いわば膝枕をしてもらうような恰好である。

そしてそのまま、今日学校でどんなことがあったかや、明日はどんなことがあるかなどを、独り言のようにだらだらと喋り続けた。

二人の間には体格差がありすぎて、外遊びには向かない。

かと言って、ボードゲームの類は御波少年ばかりが勝つので、横綱が不機嫌になる。

なので何をするでもなく過ごすのが一番無難な選択であり、お互いに落ち着くものでもあった。

それは六年生の冬、遠からず卒業を控えた時季のこと。

流血騒ぎを起こした訳でもないのに、横綱が学校を休んだ。

御波少年は担任の先生から、いつものようにパンを届けてくれと頼まれたのだが、同時に「木場のお母さんが家にいるか、見てきてくれ」とも言われた。

妙なことを言う。

首をひねりながらトタンの平屋へ行ってみると、果たしてその日に限って、引き戸を開けたのはおばさんではなく横綱だった。

「……あれっ？　おばさんは？」

「………」

横綱は御波少年を見下ろし、更に前の道や、学校のほうまで見晴るかしてから、ぶっきらぼうに「いるよ」と答えた。

「あ、そう。じゃあこれ、パン。それとプリント」

「うん」

「あーあ、今日は四組とドッヂボールだったのに。お前がいないから負けちゃったよ」

大きな身体の脇をすり抜け、おじゃましまーす、と玄関に入っていく。

と——廊下の奥の部屋、ガラス障子の向こうの台所から、おばさんが顔を出していた。

あ、と思って頭を下げる。

おじゃましまーす、ともう一度言う。

「………」

おばさんは無言のまま、スウッ、と顔を台所に引っ込めた。

なんとなくいつもと違う、変な印象を抱いた気がしたが、彼はまあいいやと玄関横の部屋に入った。遅れてついて来た横綱に胡坐枕をしてもらい、一時間ばかりとりとめのない話をしてから、御波少年は帰宅した。


次の日も横綱は学校に来なかった。

パンを持っていくと、また彼が出てきて引き戸を開ける。

台所からおばさんがこちらを見ており、スウッ、と引っ込む。

胡坐枕で一方的に横綱の二重顎に向けて喋り、それが一段落してから帰宅する。

次の日も。

その次の日も。

やがて、先生が「今日は俺が行く」と言い出した。

「え、なんで？」

「なんでって、電話に出ないんだよ。木場のお母さんが。いつも木場が電話に出て、〈オカアは寝てる〉とか、〈具合が悪い〉とか言うばっかりで」

「ええ……？　別におばさん、普通だったけどなぁ」

「とにかく、今日はお前は帰ってよし。パンも俺が届けるから」

「ふーん……。でも、僕も行くよ。今日はジャンプ読ませてやる日だし」

あっヤバイ、と思ったがもう遅い。

お前、ジャンプを学校に持ってきてるのか！　と、先生の拳骨が降ってきた。

御波少年の目から火花が出た。


「――御免ください。御免ください」

いつもの御波少年に代わって、先生が玄関の前で声をかける。

すると、さほど待たずに横綱が現れる――筈だったのだが、何故か来ない。

ガラスの引き戸の向こうは静まり返っている。

「……留守かな」

「そんなことないと思うよ。おーい、ごめんくださーい！　横綱ーっ！」

両手をメガホンにし、彼が大声を出した途端、家の右側でガシャンとガラスの割れる音がした。二人はハッとして、トタン壁の角からそちらを覗き込む。

そこに、裸足で逃げてゆく横綱の後ろ姿があった。

あっ、おい木場！　と先生が呼んでも止まらない。

「なに、なんで……？　おーーい、横綱ーーー！　横綱ぁーーっ！」

御波少年も戸惑いながら、その大きな背中に向かって叫んだ。

返事はなかった。

横綱の背中はあっという間に路地を遠ざかっていき、どことも知れぬ角を曲がって、視界から消えた。

※

御波少年にとってはそれが、彼の姿を見た最後である。

「……そのあと、先生が引き戸を開けて中に入っていったんだけど――こう、家の中に、ムワッと嫌な臭いがしててね」

お前はもう帰れ、と青い顔で怒鳴られた。

訳がわからないまま、彼は段々おそろしくなってその場を離れ、近くの家の陰に隠れた。

「すぐに警察が来たよ。おばさんは、台所で死んでた」

絞殺であった。

後に見たニュースなどから逆算すると、その日の時点で、死後一週間は経過していたことになる。しかし、それは変だ。

おばさんは御波少年が訪ねて行く度、台所から顔を出していたのだ。

嘘偽りなく、それだけは間違いない。彼の目が見た。

「ただ、まあ――そうだな。すごく低かったってのは、ある。顔の出てくる位置がね」

――ほとんど床、スレスレの高さ。

台所に横になっているのかな、と当時の彼は安直に考えていたが、冷静になればそんなところに毎日毎日転がっているのは、明らかにおかしい。

おばさんは、親子喧嘩でカッとなった横綱に首を絞められ、そのまま台所に放置されていたのだという。真偽は不明ながら、そのような話が町内に広まったのは事実である。

「……いいヤツだったよ。友達だったんだ。あの時の俺にとっては」

その後の横綱の消息については、残念ながら、最早知る者もない。

ハーモニー

「今日は午後からずっと界隈流して、お客さんが初めてだ。いや〜」

山本さんはタクシーの運転手だ。

こういうご時世だからねぇ、と山本さんは笑い、「何してる人か当てましょうか」と言う。

「う〜ん、お兄さんは、堅気じゃないな。何か書いてる人だ。作家でしょ」

そんな大層なものじゃないです、と答えつつ内心驚く。こんなにスッと物書き仕事を当てられたことはなかったからだ。

実話怪談というものを軽く説明すると、山本さんは納得し、「なるほどねぇ」と感心した様子だった。

どうしてわかったのか聞くと、山本さんは少し答えを選ぶようにしつつ、こう語る。

「いえね、私は若い頃、小説家を目指してたんですよ。オーラじゃないけど、物腰にこう、何か似たものがあるっていうのかなぁ。でもね、辞めちゃった」

辞めてタクシーの運転手になったのかというとそう単純でもないようだった。

「二足の草鞋《わらじ》もね、やる気があったらやりますよ。今だって『目がしんどい』って言いながら書いてるの、同業者にもいますもの。でもそういうんじゃない。すっぱり辞めちゃった。私は小説家を目指してね——泥棒になったんです」

滅多にする話じゃないけど、と前置きして、山本さんは運転しつつ語り始めた。


山本さんは学生時代、小説家を目指して各誌の文学賞に応募していた。

喫茶店での執筆が理想だったが、コーヒー代のないときは公園が書斎代わりだ。

山本さんはベンチに腰掛け、膝に置いた小さな画板の上で原稿用紙に書き殴る。そして時折、顔を上げて行き交う人々を観察してもいた。


「公園はね、いいですよ。モノなんか書けなくたって散歩して気分転換ができる。最初はそれだけでした」

そのうち彼は、公園のすぐ外側に並ぶ家々に思いを馳せるようになった。

「色んな家がある。あとアパート。今だったらパークなんたらマンションなんて名前がつくんでしょうが、その頃は○○荘とか、せいぜいメゾンとかコーポ。で、そういう部屋の窓がね、公園からは丸見えなんですよ」

公園傍の物件は人気がある。そういう物件に住んだならば、多かれ少なかれ公園の景観を楽しみたいのが人情だろう。ニーチェの深淵ではないが、人が公園を見つめるとき公園もまた人を見つめているのかも知れない。

公園には、山本さんがいた。

部屋の中や洗濯物が目に付く。毎日公園に通っていた彼には、周辺住民の生活の詳細が、顔が浮かぶほどに把握できた。

「○○荘の一階の角部屋は貯めこんでる、とか。○○アパートの住人は中国人の女。日曜と水曜、週二で男が来る、とかね。洗濯物で大体わかっちゃうんです。そこまでくれば鍵の隠し場所なんかも想像がついてくる」

公園散策の利点の一つは、いつ何時いてもそれほど怪しまれないということだ。

深夜近くでも酔っ払いのふりでベンチに寝そべっていれば、たまに財布を盗みに来る奴がいるくらい。いかにも学生の風体だった山本さんは、少なくとも面と向かって不審がられたことはなかった。

彼は存分に洗濯物を、部屋にあるものを、電灯の点く瞬間を観察することができたわけだ。

そうして推測は更に詳細になる。例えば勤め先もシフトの傾向から近所の食品工場勤務だとか、こっちのは会社の寮だとか。

「私はね、自分の想像力をそういう風に使っちゃったんだ。それであるとき魔がさして——違うかな、時間の問題だったんでしょうねぇ。確かめたくなっちゃった。少なくとも最初は本当にそれだけ」

彼は部屋へ忍び込むようになった。

最初に忍び込んだ部屋は工場勤務二十五歳独身男性。出身地はおそらく北のほうで、飾ってある絵は磐梯山だ。八時半に家を出て五時半に帰宅する。交友関係は殆どない。

また別の部屋は看護婦三十歳独身。彼氏とはうまく行っていない。スーパーの七時の閉店セールに必ず並ぶ。

そうした答え合わせの結果は上々だった。彼の推測は面白いように次々確かめられたのだ。

「こういっちゃなんですが、才能だったんでしょうねえ。自分には小説の才能があると思ってました。子供のころから、ちょっと作文書けば褒められたし、詩で賞も取った。新聞への投書なんかは必ず載った。だから私はね、最初はちょっとした作品の筋、探求のつもりでした。でもそのうちに」

想像が、リアルになる手応え。彼は目星をつけた家々に忍び込むのが、当然のようになっていた。

そのうち小銭や、質に入れられそうなものをポケットに入れて持ち帰ることが増えた。こうなると食べるものにも困らない。

「次から次へ公園を移動してはね、他人の生活を覗くわけです。最初は遠くから。次は間近で。これはねえ、お客さん、ちょっと他では替えられないスリルでしたよ。バイトなんかしなくても、遊ぶ金も手に入るし」

露見しないための工夫も凝らした。

「例えば寮なんかはね、狙い目に思うでしょうが、ダメなんです。横の繋がりというか、防火や衛生のための自治組織があったりしまして、順繰り見回ってることもあるんで、避けました」

そして彼は、その女性に出会った。彼の狙った、初めての若い女性であった。アパートの二階で、稀にベランダに出る姿をちらりと見て、山本さんは「しっかりした人だな」という印象を持った。

一月ほど入念に下調べを行ったところ、防犯にも気を使うタイプだとわかった。

「仮にね、芳子ちゃんとしました。郵便物を漁ったら全然違う洒落た名前だったんですけど、お名前はこの際いいんです。私の中では芳子ちゃんなんだから」

正味な話、彼のタイプだったのだろう。顔こそ近くでは見たことがなかったようだが、プロフィールから始まる関係もあろう。

月曜だけ帰宅が遅いという傾向もそのひとつ。この傾向は、カーテン越しの蛍光灯が点く時刻から、彼女の姿を見るより先にわかっていたのだという。

彼からすれば簡単な仕事――そのつもりで、彼はこの仕事に肉付けをしていった。

「下着やね、彼氏と会う時の服装。どこで会うか。何をするか。どんな話をするのか、そういう想像を膨らませてね――」

そして決行の日は訪れた。時刻は月曜夜二十一時。晴天ながら月のない暗い晩だった。

あたりは既に静かだった。

二十時には山本さんは公園から、部屋に明かりがないことを確認していた。この時間に居なければ、彼女は二十二時過ぎまで戻らない。

彼は公園側の外壁に軽々と乗り、低い二階ベランダによじ登って窓を開けた。鍵はかかっておらず、彼は不審に思った。侵入がこう簡単とは思わなかったからだ。

(芳子ちゃんは鍵をかけるタイプのはずだぞ)

だが室内を懐中電灯で照らすと――。

誰かがいた。

それも二人。立っているのが一人、床に倒れているのが一人。

「たす、け」

消え入りそうな女の声がした。

見ると、血まみれになって倒れているのは芳子ちゃんである。

傍に立っている男は、彼氏ではない。背の高い男だということだけ、シルエットでわかった。男は無言でこちらを凝視するようにし、数秒して弾かれたように玄関のドアから逃げて行った。

(――強盗だ!)

「たす」

その声に、山本さんは静止した。自分が震えているのがわかる。

もし彼女を助ければ、当然自分に疑いがかかることになる。これまで繰り返した犯罪を、全て調べ上げられるだろう。何より、彼女を襲ったのも自分ということにされかねない。

山本さんは、倒れている芳子ちゃんを見た。

顔は蒼白で、懐中電灯の光を避けようともしない。口は血の泡を吹きながらパクパクしていて、声になるのはそのうちの僅かな時間だけだ。

山本さんは――「助けを呼んでくる」と言い残し、その場から逃げた。

「怖かったし、悔しかったですよ。芳子ちゃんをずっと見ていたのは私です。それをあんな――乱暴なやり方で、一瞬にして」

きっとあの強盗は居直りだ。自分と同様に、月曜のこの時間、彼女の不在を知っていたのだ。

ところが彼女が、何の巡りあわせか早く帰ってきてしまった。一体どうやって芳子ちゃんの不在を調べたのか。おそらく自分と同じ手に違いない。

　山本さんはしばらく逃げたのち、それに気付いて舞い戻った。

「もしこのまま彼女を助けずに逃げたら、手口だけじゃ済まない。本当に自分もあの強盗と同じになってしまうと思ったんです。だから助けよう、電話を借りて、救急を呼ぼうとね。戻ったら逮捕されるかもなんてことも、考えなかったわけじゃないですが――」

　彼は現場、つまり芳子ちゃんの部屋に戻った。

　だが――芳子ちゃんは既に絶命していた。血まみれであった。

　ドアを目指し僅かに這った形跡があったが、自分の血で滑っている。おそらく彼が侵入した時点で、凶行からかなりの時間が経っていたのだろう。

　暴力の跡の色濃く残る現場。彼は一層震えながら、今度こそそこを後にした。

「しばらくは大人しく大学に通ったりしてました。新人賞に出す原稿とかね。でもね、ダメなんですよ。書けない。働こうとも思えない。そのうち小銭もなくなって――私はまた別の公園へ行きました」

　今度は自宅からかなり離れた公園で、また近所の人の生活を調べる日々。

そしていざ盗みに入ったとき、彼は恐ろしいものを目にした。

「芳子ちゃんがいたんです」

床の上に血まみれの芳子ちゃんがいるのだ。

目を疑うことさえなかった。はっきり、まさにそこにそうして、倒れているのだ。

「助けを求めてるんです。私に。幻覚なんでしょう。だから私も必死に無視した。でも、次の家も次の家も――どの家でも芳子ちゃんがいるんです」


彼女の助けを求める声を聞きながら、彼は空き巣を繰り返した。

彼には今、はっきりと芳子ちゃんの姿が見える。あの晩には暗くて見えなかった複数の傷口――両腕の防御創や、おそらく致命傷になった胸と首の傷口まで。

彼は憔悴していった。

自首も考えたが、自首して彼女が生き返るわけではない。良心の呵責はあれど、自分が彼女を殺したのではないと、そう思っていた。

「また新しい娘を見付けました。忘れもしない、今度は明菜ちゃんでした。クスリをやってる悪い男と付き合ってました。私はクスリや、注射器を盗み出そうとしました。彼女が、もう二度と悪いクスリを使えないように」

彼女は風俗嬢で、決まった曜日の深夜には家にいない。またしても簡単な仕事のはずだった。

この日、彼は天辺をたっぷり回った時刻に忍び込んだ。静かにガラスを割り、鍵を開けて侵入する。

「たす、け」

またあの声がした。

(芳子ちゃん――)

寝起きのように掠れた、しかし美しい声だったという。

足元には血まみれで倒れている芳子ちゃん。

山本さんは必死に頭を振り、室内を物色した。へそくりは見つけたが肝心のクスリと注射器がない。

彼は台所へ向かう。台所は公園から死角で、そこを探すのには少し手こずりそうだった。

すると。

台所の前で、刃物で刺されて横向きに倒れている女がいた。

刃物は背中に二本。胸にも一本。

それは、明菜ちゃんだった。

激しい暴力とは不釣り合いに、現場は整然としていた。台所のテーブルにはきっちり皿が並べられ、クロスさえ乱れてはいない。

「た、たすけてぇ」

想像よりもずっと掠れた、低い声だ。

「あ——明菜ちゃん」

山本さんはやっとそれだけ言った。

同時に、背後からも「たすけて」と聞こえた。芳子ちゃんだ。

「たすけて」と高い声。

「たすけて」

次いで正面から、やや低い声。

「たすけて」

「たすけて」

二人の声はともに掠れ、しかしソプラノとメゾソプラノの、よく響き合う声が山本さんを挟んで交差する。

調和だ。

ズズッズズッと這う低い音が背後から、時折リズミカルに混じる。床の上で鳴っているはずのその音が、耳元にまで迫る。

そのとき、玄関のドアが鳴った。

低音のティンパニを激しく叩くような音に、山本さんはハッと我に返った。

ドアは無施錠だった。すぐに開かれ、その向こうに警官が立っていた。

山本さんは腰を抜かしそうになりながら後戻りし、窓から逃げた。


「でも慌てて飛び出したらベランダから落っこちて。付近を警戒していた別の警官に見つかって敢《あ》えなく御用になったわけですよ」

彼は殺人容疑と窃盗・不法侵入で現行犯逮捕となった。更に一件の強盗殺人容疑と、窃盗の余罪は数十に及んだ。

大学は少し前に除籍しており、報道での経歴は無職。

「いやぁ、あれこれ絞られました。『コレもお前だろ』って。殆どはホントに私じゃないんです。連日の取り調べは本当に酷くって。私も無気力になっちゃって、もう全部私の仕業ってことでもいいかなって思いましたけど――芳子ちゃんと明菜ちゃんの殺しだけは、絶対に私じゃないって」

刑事の追及は激しかった。

特に明菜ちゃんを殺してから数時間もの間、現場で何をしていたのかと問い詰められた。

山本さんには全く訳のわからないことだった。数時間も現場にいたはずがない。あの日、侵入した彼はすぐに明菜ちゃんが刺されているのに気づき、殆ど同時に警官が踏み込んできたのだから。

ところが何日かすると、急に刑事の態度が柔らかくなった。「俺らもまだよくわかってねえんだけどさ」と刑事が愚痴混じりに語ったのは、明菜ちゃんが殺されたあの晩、どうしてタイミングよく警察が踏み込んできたのかということだった。

匿名の通報があったのだという。

「通報は、電話でした。明菜ちゃんの部屋から。それで警察が来たわけですね。でも本人からじゃなかったっていうんです。だって本人はその日の夜、早い時間にはもう亡くなっていたっていうんですから」

山本さんが侵入した時点で、既に死亡してから数時間が経過していた。彼は明菜ちゃんの助けを求める声を聞いたのだが。

それだけではなかった。

通報の発信元は、明菜ちゃんの電話からで、とても女性らしい綺麗な声で行われたのだという。

現場に女性は明菜ちゃんだけ。その本人は通報のあった時刻既に死んでいたはずなのだ。刑事も何かの間違いなのではないかと疑っている様子だったという。

「でもね、私は知ってます。現場にはもう一人いたんですから。わかるでしょう？」

そのとき、部屋の電話に手が届いた女性。

半年も前に強盗によって致命傷を負わされ、山本さんに見捨てられ、死亡したはずの女性。

——芳子ちゃんだ。


そのうちになぜか、山本さんから強盗殺人の容疑が外れた。彼は窃盗と家宅侵入で起訴されることになる。

留置所の生活も馴染んできた頃だ。彼が売店へゆく途中、刑事に連れられて歩いている背の高い男と出会った。

男は山本さんを見ると、にやりと笑った。

「お前、あのとき後から来た奴だよな」

その言葉で、山本さんは全てを悟った。

山本さんは絶句していたが、男は一方的にこう言う。

「〝あの電話〟で俺もパクられた。お前もだって刑事さんに聞いたよ」

急に自分の殺人容疑がなくなったのは、例の強盗犯が捕まったためだ。そしてそれが殆ど同時に起きたのも、どうやら偶然ではないようだ。

そんなことより、山本さんにはどうしても聞きたいことがあった。

「どうしてあんた、芳子ちゃんを——どうして彼女が留守だって知ってたんだ」

芳子ちゃん？　と男は首を傾げ、すぐに「ああ」と薄く笑った。

「お前の見立ては、まったく見事だった。羨ましい才能だよ。お前を見てれば、俺は楽ができたのにな。その、芳子ちゃんだっけ？　お互い、面倒なもんに憑かれちまったみてぇだな？」

早く歩け、と刑事が急かし、男は歩き出す。山本さんはその後ろ姿を呆然と見ていた。

去り際、男は振り向いてこう言い放った。

「あの女らの声、聞いたか？　たまらねえだろ！」

「私は何も答えませんでしたよ。あいつは刑事さんに殴られてましたたし。でも――そう、真犯人が捕まって、私は窃盗だけで済んだんです。あいつは死刑。私は暫く刑務所に行き、模範囚で出てきました。でももう小説家になろうとは思わなくなったんです。それで今は、運転手をやっております」

山本さんは才能を間違ったことに使った。罪も償った。それももう昔のことだ。

だがそのせいで、無関係な人間が二人死んだのである。あの男の告げたことは、山本さんにとって死刑宣告にも等しいものだった。

「あいつの言った通り――はい、私は彼女らの声を聞きました。聞こえるはずがなかった声も。それは、今も聞こえます。時々ですが」

悪い癖は治らないもので、と彼は言う。

「今でもどうしてもお客さんの生活を詮索しちゃう。それくらいしか楽しみがないんです。もうすぐ着きますが、○○通りを右曲がったところでよろしいですか？」

ご本、愉しみにしてますと山本さんは笑った。

ミハルはもういない

「長女のことなんです。当時、六歳になったばかりでした」

悠依さんの娘さんには、人ならざるものが見えるのだという。

「あちこち相談しました。でも子供にはよくあることみたいで――」

悠依さんにはその姿は見えない。でも長女の愛さんは、その見えない人影と遊んでいるのだという。

「『お名前は』？　って聞くと『ミハルくん』と答えるんです。名字はないみたいで」

いつからなのかはっきりとしない。

五歳になった頃にはもうそれらしき兆候はあったと彼女は振り返るが、それこそ「子供にはよくあること」で片付けられるようなレベルであったとのことだ。

愛ちゃんの描く絵の中に、明らかにタッチの違う絵が交じるようになった。

「『これ愛ちゃんが描いたの？』って聞いたら『ちがう。ミハルくん』だって」

彼女の絵のモチーフも変わり、家族を描かなくなった。代わりに描かれるのはビルや乗り物。飛行機。まるで男の子の描くような絵であったという。

ぬいぐるみなどで一緒に遊んでいることもあれば、ただぼうっと虚空を見つめて、フフッと笑うこともある。

「『愛ちゃんね、お誕生日なの。今度スミレ組のお遊戯があるの』って、誰かに話しながら、何か頷いてカレンダーに丸をつけたんです」


愛ちゃんが見えない誰かと約束し、カレンダーに丸をつけたのは三ヶ月後の九月十二日だった。その日は誰かの誕生日でもないし、幼稚園のイベントもない。

「ミハルくんはね日本人じゃないの」

愛ちゃんはそう悠依さんに話す。

「へぇ。何人なの？」

「わからない。遠いの」

そう言うと愛ちゃんは本の後ろの世界地図を開くと、見えない誰かと共有し、丸をつけた。

示された場所はヨーロッパの東のほうである。小国の集まる場所だが、愛ちゃんのつけた丸は大きく、どこを指しているのかはわからなかった。

「イマジナリーフレンドっていうんですよね。調べました。でも、一人っ子に多いとか。あとはそう、小さい兄弟が生まれたばかりのときとか」

愛ちゃんは一人っ子ではなかった。三歳下に弟がいる。

仮に翔くんとする。弟の翔くんとも、それまでは仲が良かった。

「翔ともよく遊んでました。弟が生まれて喜んでいたし、興味津々でした。でも——ミハルと遊ぶようになってから、翔のことはまるで見えないみたいに無視するようになって」

食事中も愛ちゃんは翔くんを気にしない。お風呂も一人で入ると言い出すようになっていた。

単に成長したのかも知れないと悠依さんが思う一方で、翔くんが置き去りにされてしまったようでもある。

悠依さんは当然、弟と姉の関係を心配した。

翔くんは急にお姉ちゃんに無視されるようになって不安そうだ。

彼が大声で叫んだときだけ、愛ちゃんは周囲をきょろきょろする。だがそのときに限って、急にテレビがついたり、電話が鳴ったりする。すると愛ちゃんはそちらに気を取られ、すぐに何かに納得したようにして探すのをやめてしまう。後に残るのは、弟の不安そうな顔だけだった。

もちろん愛ちゃんは翔くんのことを知っているし、問えば「覚えてる」とも言う。

「ピンと来てない感じじゃっていうんですかね。知ってるし、覚えてもいる。でも目の前にいる翔には決してピントが合わない感じ。そのときはそんな風にみえました」

あまりにも露骨な態度に堪りかねた悠依さんは、ある日愛ちゃんに厳しく問い質した。

「どうしてミハルくんのことばっかりなの⁉　あなたが誰と遊ぼうとお母さん知らない！　でもあなたには弟がいるでしょ！　翔を無視しないで！」

目線の高さを愛さんに合わせ、その小さな細い肩を両手で掴み、悠依さんは訴えた。

そのつぶらな瞳の中には曇りはなかった。彼女はまっすぐこちらを見返し、「お母さん」と言う。

「お母さん、うちにはミハルだけでしょ」

なんてことを言うんだろう、と悠依さんは絶望にも近いものを感じた。

「いるでしょ！　そこに！　翔が！　あなたの弟でしょ！」

肩を揺すってそう叫び、遠巻きに見守っていた翔くんを指差す。

「お母さん、いないの。翔はもういないの」

「いるでしょ⁉　見えないの⁉　そこに誰がいるっていうの⁉」

愛ちゃんは、しっかりと指さされた方を見ていた。

部屋の入り口——ビーズのすだれが垂れたその入り口の向こうを見て、

「真っ黒いもの」

そう答えた。

悠依さんは「何て？」と耳を疑う。

「海苔みたいな、四角くて真っ黒い塊があるの。怖い」

予想外の答えだった。

「翔よ！　あなたの弟！」

「知ってるよ。でももういない」

「信じられませんが、嘘を吐いているようには見えませんでした。あの子の言うとおりなら、何かがあの子から翔を隠してるんだって思いました。同じ家の中で、すぐ近くにいるのに」

彼女はもう誰にも相談できなかった。イマジナリーフレンドならともかく、事態は彼女が思うより根深く、予想を超えていたから。

もちろん、愛ちゃんが嘘を吐いているのではという可能性も考えるようになった。

確実なことはなにもない。愛ちゃんがミハルと遊んでいるとき、悠依さんは翔くんを近寄せないようにした。彼のほうも次第に愛ちゃんにあまり構わなくなっていったという。

「おねえちゃん」と声をかけることもなくなっていた。

カレンダーにつけられた約束の日まで、残すところ一ヶ月となっていた。


「その日に何があるのか、気になって仕方がありませんでした。アメリカで同時多発テロが起きた日だというのは知っていました」

現地時間の九月十一日、事件が起きたとき日本は九月十二日の夜だった。

しかしそれは過去のことだ。その日に何が起こるのか、彼女が愛さんに聞いても何も教えては貰えなかった。

「主人に相談して、その前日から二人を引き離すことにしたんです。とても悪い予感がして仕方がなかったので」

九月になった頃から、彼女は気が気でなかった。

カレンダーは二度取り替えたが、その度にまた新しい丸が九月十二日に書き込まれてしまう。

相変わらず愛ちゃんは幼稚園から帰るとまっすぐにミハルと遊び始める。彼女にとって翔くんは何かに隠され、見えないものだった。

「主人の実家に、どちらかを預けることにしました。愛か翔か、かなり悩みましたが、私の希望で翔を手元に、愛を主人の実家に連れてゆくことにしました」

九月十二日。

愛ちゃんは前日に父親とともに、郊外の実家へと移っていた。

悠依さんは久々に翔くんと気兼ねなく過ごした。公園、遊園地、買い物――無邪気な、ようやくものの分かるようになった三歳の子供と見る日常は、何もかも新鮮に思えた。

それは愛ちゃんとも過ごしたはずの日々だ。

「でもなんていうか、男の子ですから――やっぱり違うんですよね」

翔くんははしゃいでいた。

屈託のない笑顔を見るのは久しぶりに思えてならなかった。

その翔くんを連れて歩いているとき、彼はふと何もないところを見て言った。

「ミィハル」

一瞬、悠依さんは戦慄して聞き返した。

「お母さん、あれ、あれ。ミィハルだよ」

「——誰?」

「おにいちゃん」

慌てて周囲を見渡す彼女。指さされた道路の反対側には、誰もいない。

「いないよ。誰も居ないよ」

彼女がそう答えながら振り向いたとき、そこには誰もいなかった。

翔くんは道路に飛び出していた。


そして翔くんがどうなったのか、悠依さんがその続きを語ることはなかった。

そこまで語るのもやっとといった様子で、筆者もその続きが聞きたいとは思わなかった。

現在、旦那さんとは離婚し、愛ちゃんは彼に引き取られている。

もしあのとき、愛ちゃんのほうを手元においておけばと思わない日はない。

「私の――不注意だったんです。娘は何も、悪くありませんでした。何も」

その後、ミハルが愛ちゃんの前に現れることはなかったのだという。

ミハルはもういないよ――と彼女はそう言ったのだそうだ。

それからの愛ちゃんはまったくもって普通で、ミハルのことも、翔くんのことも急速に忘れてゆくようだったと母は語る。

娘が怖かったんです、と彼女は最後に小さく呟いた。それは、今にも消えてしまいそうな声だった。

彼女の心が、わずかでも軽くなることを祈る。

あとがき

正直、去年の夏のあとがきの時点では世の混迷がここまで長引くとは思っていなかった。

本書を手に取られた未来の人のために説明しておこう。二〇一九年末・世界に急速に広がったウイルスCOVID-19によって世界経済は大きな打撃を受けた。このウイルスは、最初に医療を攻撃した。そして交通網。マスクなしで出歩くこと、人前で大声を出すこと、人と会うこと――これらは大きなリスクを伴うようになった。人類は絶滅に瀕しているわけではないが、これまで当たり前のように享受してきた医療、音楽、演劇、観光、交通、遊興、外食、教育などは深刻な脅威に晒されることになった。これはそうまでして忌避するに値する恐ろしい病気だ。この副産物である新しい生活様式には悪いことばかりではないが、経済面では概ね悪い。

つまり世の中、悪くなっているわけだ。筆者のような怪談愛好家にとっても悪い。敬愛する大先輩、「超」怖い話の立て役者・加藤一氏はしばしば「世相の悪いときほど怪談は売れる」と仰っていて、それに間違いはないと信じつつ個人的には同意しかねる部分もある。異を唱えるわけではないけれど、ノリ切れない部分があるのだ。筆者としては良いときも悪いときも怪談が売れて欲しい。だっていつだって怪談はある。病めるときには病める怪談が、健やかなるときは健やかなる怪談が。ただこの言説には救いもあって、自分の本が売れないときは「世の中が良くなっているんだ。すばらしい」と思うことができる。

そうは言いつつ今回ばかりは、悪い怪談が集まってしまったということに手応え以上に切迫したものを感じている。罪悪感すらある。編著者松村進吉氏に「今回はあとがき見送らせてください」と申し出たほどだ。

とはいえそれも初めてではない。前回はあの三月の大震災のとき。あのときも身近に犠牲者が出て、罪悪感より無力感があった。絶対に書けないような話を幾つも耳にし、怪談なんか書いてちゃいけないんじゃないかと思った。

しかし今は、記録することの意味も多く感じている。辛いときは「本は永久に残る」と自分に言い聞かせている。だから以前は、何十年も先では通じないようなことは書かないでおこうと気を回していた。例えばスマホ。きっと未来にはスマートフォンなどないし、スマホなんて略称も結びつかないだろうと考えている。これはポリシーというか意地みたいなものだったが、二年ほど前にこの拘りを棄てた。何十年も後のことより、今しか書けないものを今の言葉で遺すべきだと思うようになったわけだ。そうしたいと思うようになったのはやはりある体験談からで、体験談にはそうした力がある。

謝辞を。本書に関わられた全ての人に。そして僕の家族に。今、皆さんが無事であることだけが救いだ。

今回は、ただご多幸と健康を祈るよりももっとよいことがある。先日、大手町でワクチンを打ってきた。mRNAワクチンという大変優れたもので、既存の不活性型ワクチンよりも安全で効果的だ。mRNAワクチンは自身にウイルスを含まず、毒性がない。商品から切り取ったバーコードだけのようなものだ。このバーコードを読んでレシートを出すように、ウイルスの情報のみを出力させ、自身は消滅する。実際には買い物をしなくともレシートがあれば証明になる。免疫にとっても同様にこれが証拠になる仕組みだ。科学が疫病に勝つ瞬間だ、と言えればよかったが残念ながら根絶はまだ難しそうで、このワクチンとも長い付き合いになるかも知れない。これさえ打てば全て解決というものではないとしても、それは自己防衛をしない理由にはならない。

地震と違って、疫病は避けられる可能性が高まった。運の要素もあるが、皆さんにはまだ運がある。

それでは長寿と繁栄を。来年もまた本書でお会いできることを願って。

夜

ここ最近、パソコンに向かって喋る機会が増えた。

友人とボイスチャットをしたり、Ｙｏｕｔｕｂｅでゲームの実況配信をしたり、あるいは時折自著の朗読などもしてみたりするのだが——私の部屋は猫どもと共用になっているので、そこが少々問題と言える。

連中には勿論パソコンも、通話という概念も理解できないから、飼い主がいきなり壁に向かって鳴き始めたように見えており、となると「なになに」「どうしたどうした」とばかりに集まって来るのである。中には「うわ、こわっ……」と若干引いた顔で離れてゆくやつもいるが、それはそれでこちらも気恥ずかしくなるからやめてほしい。私のことは気にせず、普通にしていてほしい。

私がゲラゲラ笑ったりすると、興奮して「……ヌアーオ！　ヌアーオ！　ヌアーーッ！」などと、キレ気味に喚きだすやつ。

自分を無視するなとばかりモニターの前で座り込むやつ。

はたまた、部屋の反対側で取っ組み合いを始めたり、トイレに入ったり、床に毛玉を吐き出したり――。

飼い主がいきなり喋り出すことは、斯様《かよう》に、猫どもを刺激する事態らしい。

「……あっ、猫ちゃんが鳴いてるよ？」などと、通話相手に指摘されるのはしょっちゅうである。

いよいよ収拾がつかなくなり、通話を終わらせて「わかったわかった、来い！」と膝を向けてやると、今度は揃って「……？」「……？」「？」「…………」と、白々しく視線を逸らしスローモーな動きで私のまわりから離れていく。

おちょくられているとしか思えない。

なんなん。


そしてハッ、と廊下を見れば、そんな私の様子を、半身の家内が無言で見つめている。

「…………」

「…………」

な、なんだよ……。


ともあれ、今年も皆さんのお手元に、夏の「超」怖い話をお届けすることができた。

これもひとえにお話を提供してくださった体験者諸氏、戦友たる共著者、そして担当O女史のお力によるものである。心より感謝申し上げます。

取材に出かけることもままならぬ昨今なれば、うちの猫どもにはもうしばらく辛抱してもらって、オンラインでの体験談聞き取りに励んで参る所存です。

十干シリーズも残すところあと二冊。最後まで全力で書き絞りたい。

それではまた、来年。

松

著者別執筆作品一覧

松村進吉

不思議な弟
娘の友達
奥の間
魂追い
つまみ子
虫干し
しつけ
山電話
赤いバスタブ
幽霊コーチ
泊まれない
入道
横綱

深澤夜

ご挨拶
針金
ユーチューバー
夜釣り
仏壇を棄てる
フォール・ガイ
見えない
サイコロステーキ
営業、最後の日
ハーモニー
ミハルはもういない

「超」怖い話 辛

2021年8月5日　初版第一刷発行

編著……松村進吉
共著……深澤 夜
カバーデザイン……橋元浩明（sowhat.Inc）

発行人……後藤明信
発行所……株式会社　竹書房
〒102-0075　東京都千代田区三番町8-1　三番町東急ビル6F
email: info@takeshobo.co.jp
http://www.takeshobo.co.jp
印刷・製本……中央精版印刷株式会社